Patrice Allart

D'Arkham
A
Malpertuis
Jean Ray et Lovecraft

La Bibliothèque d'Abdul Alhazred N°5

Les Éditions de l'Oeil du Sphinx

© 2003 **LES ÉDITIONS DE L'OEIL DU SPHINX**
ISBN: 2-914405-12-X
Dépôt Légal: mars 2003
Mise en pages: Sabrina Pamies
Toutes les illustrations sont © Marc-Antoine LUMIA

PRÉFACE

Cthulhu à Malpertuis

Cthulhu à Malpertuis ? Pourquoi pas Maciste à Marienbad ? Et pourtant…

Patrice Allart n'est pas le premier à tenter un rapprochement entre les œuvres de ces deux maîtres de la littérature fantastique que sont Jean Ray et Howard Phillips Lovecraft. Jacques Van Herp, notamment dans son classique **Panorama de la science-fiction** (1973), avait fait quelques allusions à ce sujet.

En 1969, paraissait dans le fameux **Cahier de l'Herne** consacré à HPL, un article de Gérard Klein, « Entre le fantastique et la science-fiction, Lovecraft ». L'article fut repris dans un essai plus développé, «Trames et moirés », inclu dans le collectif **Science-fiction et psychanalyse** (Dunod, 1986). L'écrivain et théoricien de la SF y soulignait les liens entre HPL et Jean Ray, dans le cadre d'une interprétation sociologique de leur œuvre.

A ma connaissance, cependant, personne ne s'était attelé à cette tâche délicate avec le systématisme de Patrice Allart. J'exclus certains travaux d'origine universitaire, restés inédits.

Ce chercheur était bien l'homme de la situation. J'en veux pour preuve un de ses ouvrages précédents, que j'avais d'ailleurs eu la joie de présenter dans la série des « Cahiers d'études lovecraftiennes » : **Guide du mythe de Cthulhu** (Encrage/Les Belles Lettres, 1999). Cet essai très remarqué faisait le point sur l'incroyable « postérité » de la mythologie imaginée par Lovecraft, souvent pour le pire, mais parfois pour le meilleur. Je me souviens, à l'époque, avoir ouvert le manuscrit de Patrice avec un peu de méfiance, étant assez sourcilleux sur le problème du respect dû à l'œuvre originale d'un écrivain, en l'occurrence Lovecraft, et me méfiant des imitations : la « postérité » de Lovecraft assurée par de piètres imitateurs ou profiteurs n'est pas celle que je souhaitais en priorité pour cet écrivain. Mes préventions sont vite tombées devant la qualité du travail et les perspectives qu'il ouvrait sur l'histoire du fantastique et de la science-fiction.

L'essai que vous tenez entre les mains est du même tonneau : précision, érudition, pertinence et, surtout, humour. Car l'humour est une qualité qui me semble indispensable pour aborder un tel sujet. On parle toujours d'épouvante, de terreur, d'angoisse quand il question de Jean Ray et de Lovecraft, mais il est bien évident que l'efficacité de ces auteurs est largement basée sur le clin d'œil au lecteur, sur une forme de complicité qui ne fonctionne, évidemment, que si l'on est capable de prendre un peu de recul par rapport aux textes (même si l'on peut, gamin, avoir frémi un moment…). J'avoue, par exemple, ne pas cacher ma jubilation devant la savoureuse interview imaginaire concoctée par Patrice Allart.

Gageons que notre essayiste ne va pas s'arrêter en si bon chemin dans son entreprise de défrichement de l'épouvante. On murmure déjà qu'il préparerait une étude sur… mais la chose est si horrible que je n'ose encore y faire allusion ouvertement. Patience !

Joseph Altairac

INTRODUCTION

« *Jean Ray (1887-1964) est le seul écrivain fantastique belge — et même européen — à pouvoir soutenir la comparaison avec H.P. Lovecraft (...). Bien entendu, les critiques américains l'ont comparé à Lovecraft à cause de la similitude de thèmes (...) : les autres dimensions et leurs terribles habitants (...), autres dimensions liées aux mathématiques (...), où d'Anciens Dieux moribonds, reniés par l'homme, attendent de retrouver leur grandeur (...)* » (**Guide du mythe de Cthulhu**, éditions Encrage, 1999, pages 82-83).

Ainsi dans un précédent volume n'ai-je pu résister au désir d'intégrer Jean Ray au Cycle de Cthulhu, sans vouloir trop m'étendre de peur de ne pouvoir éviter le hors-sujet. Ce nouvel ouvrage est destiné à développer le sujet : Lovecraft, Jean Ray, même univers ? Les deux hommes ont des traits de caractère assez semblables. Tous deux ont un goût prononcé pour le passé, et en particulier l'Angleterre passée. Lovecraft s'imaginait souvent vivant à cette époque, comme il a pu en faire état à plusieurs reprises dans sa correspondance, et Jean Ray a situé nombre de ses histoires dans une Angleterre rêvée, qui ressemble parfois à sa Belgique natale. Tous deux ont une certaine tendance à la mythomanie et se sont créés une légende : Lovecraft, le reclus de Providence, qui dort le jour et couche sur papier ses rêves fantastiques ; Jean Ray, aventurier et pirate aux incroyables aventures ; légende consolidée par les nombreux écrivains qui n'ont pas manqué de s'inspirer de l'un ou de l'autre : dans **The Shambler from the Stars** (1935), Robert Bloch met en scène un écrivain solitaire de Providence qui connaît les secrets des autres dimensions… Lovecraft, bien sûr. Tandis que Jean Ray lui-même affronte les contrebandiers dans **Trafic aux Caraïbes** (1961) de Henri Vernes, et découvre un vampire dans Au **cimetière de Bernkastel** de Thomas Owen (dans **Cérémonial nocturne**, 1966). Un autre trait de caractère commun aux deux écrivains, mais moins sympathique, est leur racisme, qui transparaît dans leurs textes (**The Horror at Red Hook** et **The Call of Cthulhu** de Lovecraft, **Le nom du bateau** et **Entre deux verre**s de Jean Ray).

Mais tout ceci, dans le cas présent, ne nous importe que peu, notre sujet devant se limiter à l'œuvre même. Déjà en 1969, dans le premier grand ouvrage consacré à Lovecraft (**L'Herne** n° 12), Jacques Van Herp publiait un article intitulé « Lovecraft, Jean Ray, Hodgson », sur lequel nous reviendrons, et évitait définitivement toute possibilité de malentendu : Jean Ray n'a pas lu Lovecraft, HPL n'a pas eu connaissance de l'écrivain belge. **Les contes du whisky** et **La croisière des ombres** de Ray ont été publiés en 1925 et 1932, à la même époque où l'auteur américain écrivait ses grands textes. HPL n'a été traduit en France qu'en 1955, et seuls quatre textes de Ray ont été publiés aux USA en 1934-35, et sous le pseudonyme de John Flanders. Dès lors, il est impossible d'expliquer les similitudes par une quelconque inspiration de l'un par l'autre.

CHAPITRE I : MER

La mer est omniprésente chez Jean Ray, qui affirmait avoir bourlingué sur tous les océans, et ce, dès son premier recueil, **Les contes du whisky** (1925) : huit nouvelles (soit un tiers du livre) ont pour protagonistes des marins hantant les bars du port. **La croisière des ombres** (1932), au titre significatif, propose les premiers textes majeurs de l'écrivain belge (et pourtant ce fut un échec lors de sa parution), avec trois histoires maritimes. Cette mer qui reviendra souvent dans son œuvre (surtout celle paraissant sous le nom de John Flanders) et qui abrite tant d'épouvantes est la même que celle qui libère d'indescriptibles horreurs chez Lovecraft (**Dagon**, 1917, **The Temple**, 1925, **The Call of Cthulhu**, 1927). Et cette mer fantastique, nous révèle Jacques Van Herp dans son article déjà cité, est à l'origine de ces similitudes (du moins en partie) : « *l'influence exercée sur chacun d'eux et, indépendamment, par l'œuvre de William Hope Hodgson* » (**L'Herne** n° 12, page 160). La mer et ses horreurs sont au centre de l'œuvre de l'écrivain anglais qui a fait forte impression sur Lovecraft et Ray. « *D'un style souvent inégal, mais possédant une rare puissance de suggestion des mondes et des êtres tapis sous la surface ordinaire de la vie, nous apparaît l'œuvre de William Hope Hodgson, qui mérite d'être reconnue à sa juste valeur. (...) Rares sont ceux qui peuvent l'égaler lorsqu'il ébauche le dessin de forces sans noms et de monstrueuses entités toutes proches, au moyen d'allusions fortuites ou de détails sans importance (…).* **The Ghost Pirates** *(…) est le récit impressionnant de la dernière traversée d'un bateau maudit et hanté, et de terribles esprits marins (…)* » (H.P. Lovecraft, **Épouvante et surnaturel en littérature**, Christian Bourgois Éditeur, pages 133-134, bref aperçu des quatre pages consacrées à Hodgson). « *(…) Cette occasion, c'est la publication des Spectres-pirates de Hodgson dans votre magnifique revue. C'est une des œuvres les plus saisissantes que je connaisse sur la mer, et surtout sur le mystère et la grande peur des solitudes océanes. (…)* » (Jean Ray, lettre de février 1928, reprise dans **Jean Ray, l'archange fantastique**, Librairie des Champs Elysées, page 53). L'essentiel de l'œuvre de Hodgson a été publié aux éditions

NéO : **La chose dans les algues** (n° 3), **Les canots du Glen Carrig** (n° 5), **Carnacki et les fantômes** (n° 44), **Le pays de la nuit** (n°s 51-52), **L'horreur tropicale** (n° 69), **Les pirates-fantômes** (n° 167), **La maison au bord du monde** (n° 202).

Mais revenons-en à Jean Ray et sa « grande peur des solitudes océanes ». Celle-ci n'a jamais été aussi efficace que dans Le **Psautier de Mayence**, un des premiers textes majeurs du gantois, paru dans le recueil **La croisière des ombres**. Cette nouvelle a été inspirée par la lecture des **Pirates-fantômes**, comme l'auteur l'écrit lui-même dans la lettre citée plus haut. Le « Psautier de Mayence » est un navire égaré sur une mer que les marins pourtant expérimentés ne reconnaissent pas. Même le ciel est différent. Et ce ne sont que les moindres des événements étranges. *« A une profondeur énorme nous vîmes de grands massifs sombres aux formes irréelles ; c'étaient des manoirs aux tours immenses, des dômes gigantesques, des rues horriblement droites, bordées d'édifices frénétiques. (...) Car cela grouillait d'une foule amorphe, d'êtres aux contours mal définis qui vaquaient à je ne sais quelle besogne fiévreuse et infernale. »* (**La croisière des ombres**, éditions NéO, pages 179-180). Nul doute qu'il s'agisse de R'lyeh, la monstrueuse cité engloutie depuis la nuit des temps *(« La grande cité de pierre de R'lyeh, avec ses monolithes et ses sépulcres, s'était engloutie sous les vagues. »*, extrait de **L'appel de Cthulhu**, dans **Lovecraft** tome 1, éditions Robert Laffont, page 75). Je reviendrai sur **Le Psautier de Mayence** dans le chapitre V, pour d'autres détails à l'attention des sceptiques.

Deuxième nouvelle maritime du recueil, **Le bout de la rue** est un modèle de fantastique d'atmosphère, où rien n'est jamais explicite : quelle est la mystérieuse cargaison de l' « Endymion » qui provoque une indescriptible terreur ? Quel sort épouvantable et inéluctable attend les marins dans le bar « Jarvis » ? Quel est le lien entre les deux ? Au lecteur de découvrir ce qui se cache entre les lignes. *« Goules, pieuvres de terre, vampires inouïs, monstres de mystère qui pourraient vivre dans la forêt de Guyane et dans le Sertao brésilien ? »*. Ou autre chose ? Les îles exotiques ne sont pas avares en mystères et monstruosités, d'autres nouvelles de Jean Ray le démontrent :

L'assiette de Moustiers (dans **Les cercles de l'épouvante**, 1943), **Le fleuve Flinders** (dans **Les derniers contes de Canterbury**, 1944), **De Geheimzinnige Rivier** (**Les terres hantées**, 1947), **Het Zwarte Eiland** (**L'île noire**, 1948). **L'assiette de Moustiers** met en vedette un de ces nombreux escrocs sympathiques qu'affectionnait Jean Ray, qui connaîtra un sort atroce en se rendant sur une mystérieuse île où est emprisonnée une sorcière. Cette île apparaît et disparaît à volonté, telles celles de **Dagon** et **The Call of Cthulhu** émergeant au gré des cataclysmes sous-marins. Là s'arrête la comparaison. L'idée de l'île ensorcelée (qui en fait relève du domaine des dimensions parallèles) est réutilisée dans la courte nouvelle **Le fleuve Flinders**, développée plus tard sous la signature de John Flanders (**Les terres hantées**).

Mais qui est John Flanders ? Pour beaucoup, John Flanders est l'auteur de récits d'aventures destinés à la jeunesse, publiés en néerlandais, le « parent pauvre » de l'écrivain fantastique Jean Ray. Il a fallu la publication par 10/18 des premiers John Flanders sous la direction de Jacques Van Herp et Albert Van Hageland pour que l'opinion se nuance. Certains des grands textes fantastiques de Jean Ray ont été publiés sous la signature Flanders, et notamment de 1929 à 1935 pour **La Revue Belge** (le nom Jean Ray était en disgrâce suite à un séjour en prison) ; en outre, certains récits d'aventures pour la jeunesse signés Flanders ont été écrits directement en français. Quant à la qualification « jeunesse », elle ne fait aucun doute pour les Flanders publiés par l'abbaye d'Averbode (1931-39), et l'auteur avait bien du mal à déjouer la censure religieuse de ses éditeurs. **Les terres hantées** en est un exemple. « *Une créature effroyable s'éleva des eaux. Divers tentacules, gros comme le bras, fouettèrent l'air. Une tête, gigantesque et monstrueuse, se balança ; deux yeux enflammés, emplis d'une haine mortelle, dévisagèrent les voyageurs. Mais le monstre retourna dans les profondeurs.* » (**Les terres hantées**, éditions Recto-Verso, page 43). « *Sur chacune des nombreuses cimes des collines, un monstre infernal avait pris place, dévisageant, avec des yeux enflammés, la maison blanche et inaccessible : têtes de dragons crénelées de feu, horribles faces de gorgones à la chevelure tourmentée de serpents, poulpes au regard fixe, crocodiles monstrueux claquant des mâchoires, crânes géants et ricanants... Toute l'engeance de l'enfer semblait* *veiller dans le lointain.* » (idem, page 52). Il s'agit d'un des rares récits d'aventures de Flanders baignant explicitement dans le fantastique d'épouvante, mais il lui manque la dimension cosmique d'un Lovecraft… ou du **Psautier de Mayence**. Concession à ses éditeurs et à la censure, l'auteur rédige un chapitre final bâclé révélant que tout n'était qu'un rêve. Le thème général du récit est réutilisé (encore) dans le roman **L'île noire**, où seule l'atmosphère est fantastique, si l'on excepte la séquence du démon Guru-Guru emprisonné dans une pièce close par un signe chrétien. Lovecraft, comme Jean Ray dans **Les terres hantées** ou **L'île noire**, peuplait ses îles exotiques de tribus sauvages adorant de sombres déités ou de monstrueuses créatures (**The Call of Cthulhu**, **The Shadow over Innsmouth**). « *A c'qui paraît, ces canaques sacrifiaient des tas d'leurs gars et d'leurs filles à des espèces de dieux qu'habitaient sous la mer (…). Quand on a parlé d' s'accoupler avec eux, ces poissons-crapauds, les canaques se sont un peu rebiffés (…).* » (extrait du **Cauchemar d'Innsmouth**, dans **Lovecraft** tome 1, page 430). Le thème des êtres barbares et dégénérés ramenés des îles se retrouve chez Jean Ray dans **L'histoire de Marshal Grove**, d'une intrigue assez semblable à **The Shadow over Innsmouth**, bien que Jean Ray se montre beaucoup moins explicite que Lovecraft, se contentant d'allusions sibyllines : « *Dans sa jeunesse, Parker fut teck-master dans la forêt siamoise. Il épousa, à Bangkok, une jeune eurasienne, à peine âgée de quinze ans (…), fille d'un naturaliste de fâcheuse réputation. Peu après le mariage, il retourna à Londres, emmenant sa jeune femme. La raison de ce brusque départ est demeurée inconnue (…).* » (**Le livre des fantômes**, éditions NéO, page 106). Le destin du héros est le même dans les deux cas, une monstrueuse transformation. « *Ce fut en parcourant les lettres et les portraits du côté Orne que je me mis à éprouver une sorte de terreur de ma propre ascendance. (…) C'est alors que je commençai à m'examiner devant la glace avec une inquiétude croissante. (…) l'altération était plus subtile et plus déconcertante.* » (Lovecraft tome 1, pages 458-460). « *(…) il sentit une singulière souplesse animer ses membres gourds et, tout à coup, il entoura l'homme de ses bras. Celui-ci fit à peine un mouvement de défense. Il râla, ses os craquèrent comme du bois sec et il s'écroula. (…) Il lui fut étrangement aisé de passer entre les barreaux de la grille, et une* *chatière bâillant au bas d'une porte lui parut suffire à ses obscurs desseins.* » (**Le livre des fantômes**, pages 110-111). Hors du contexte de l'histoire, ces deux extraits sont plutôt peu explicites. Contentons nous de dire que le narrateur de **The Shadow over Innsmouth** se transforme en amphibien, et le héros de **L'histoire de Marshal Grove** en serpent géant. Les religions païennes des îles exotiques sont également brièvement évoquées par Jean Ray dans **Le cousin Passeroux** (« *Mais cette île-ci* (…) *est habitée, et par de singuliers lascars,* (…) *des sortes de pygmées,* (…) *qui ont les mains et les pieds palmés* (…). (…) *Il les réservait* (des perles) (…) *pour des offrandes à je ne sais quels chenapans de dieux marins.* », **Le livre des fantômes**, éditions NéO, pages 153-154).

Les mers polaires non plus n'ont pas échappé à l'emprise des Grands Anciens. « *J'avais vu les semaines précédentes des douzaines de mirages polaires* (…) ; *mais celui-là avait un caractère tout à fait original et obscur de symbole menaçant* (…). *On eut dit une cité cyclopéenne d'une architecture inconnue de l'homme* (…), *aux gigantesques accumulations de maçonnerie noire comme la nuit, selon de monstrueuses perversions des lois géométriques* (…). » (extrait des **Montagnes hallucinées**, dans **Lovecraft** tome 1, page 341). **Het Vervloekte Land** (**Le pays maudit**, 1931) de John Flanders préfigure Le Psautier de Mayence par ses visions d'une terrifiante cité engloutie abritant de terribles êtres, mais la situe au Pôle Nord. « *C'était une ville monstrueuse, la matérialisation à travers la pierre et le métal d'un atroce cauchemar. Des tours gigantesques fusaient vers la voûte du ciel.* (…) *Et là-dessus flottait une atroce impression d'inhumanité, de cruauté surnaturelle* (…). » (**Le pays maudit**, éditions Recto-Verso, pages 23-24). Flanders a repris la même trame (inspirée des récits de voyages de Saint Brandan) pour écrire **Aux tréfonds du mystère** et sa suite **Le formidable secret du Pôle** (1936). Il y est cette fois fait ouvertement référence aux continents engloutis tels Atlantide, Mu ou Thulé… qui, dans un passé reculé, furent le fief des Grands Anciens — voir Lovecraft (déjà dans **The Call of Cthulhu**, cf. **Lovecraft** tome 1, page 62), Clark Ashton Smith (éditions NéO), R.E. Howard (éditions NéO), Henry St Clair Whitehead (**Bothon**, dans **Lovecraft** tome 2, pages 662-689), Colin Wilson (**Le retour des Lloigors**, dans **Lovecraft** tome 1, pages 942-992), Lin Carter (le recueil **Les légendes xothiques**, éditions Oriflam), Graham Masterton (le roman **Les puits de l'enfer**, Pocket Terreur). Si la cité engloutie du **Psautier de Mayence** est R'lyeh, qu'est celle enfouie sous les glaces du **Pays maudit** ? Pas Kadath, qui se situe en Antarctique (**At the Mountains of Madness** de Lovecraft, 1936). Il s'agirait plutôt de *« Olathœ, dans le pays de Lomar à proximité du Pôle Nord terrestre »* (extrait du **Tertre**, dans **Lovecraft** tome 2, page 571). Nous reparlerons du diptyque **Aux tréfonds du mystère/Le formidable secret du Pôle** dans l'annexe II.

CHAPITRE II : DIMENSIONS

Le premier grand texte rayen concernant les dimensions parallèles est le plus célèbre de l'auteur, **La ruelle ténébreuse**. Le narrateur (ou plutôt un des narrateurs car Ray, comme Lovecraft — cf. **The Call of Cthulhu** — utilise la pratique du récit présenté comme un ou des manuscrits retrouvés après la mort de l'auteur, conférant ainsi un caractère d'authenticité au récit), le narrateur donc, découvre une rue qui n'existe que pour lui : « *Lorsque je longe la Mohlenstrasse, pour passer de l'extrême limite de la boutique de Klingbom à la première de celle du grainetier, je dois franchir une certaine distance que je fais en trois pas (…). Par contre, je remarque que les gens qui font le même chemin, passent immédiatement de la maison du distillateur à celle du grainetier, sans que leurs silhouettes se projettent sur le renfoncement de l'impasse Sainte Bérégonne. (…) je suis arrivé à savoir que, pour tous, et sur le plan cadastral de la ville, seul un mur mitoyen sépare la distillerie Klingbom de l'immeuble du marchand de graines. J'en conclus que pour le monde entier, moi excepté, cette ruelle existe en dehors du temps et de l'espace.* » (**La croisière des ombres**, pages 122-123). C'est très tôt qu'apparaît dans l'œuvre de Jean Ray le thème des univers parallèles : **Les étranges études du Dr Paukenschläger** paraît en 1923 et déjà tout y est dit ; Jean Ray a établi les règles de son univers. « *(…) il existe un monde voisin, invisible, impénétrable pour nous, parce qu'étant situé sur un autre plan. Ce monde est étrangement, criminellement, (…) réuni au nôtre. Il y a pourtant des points sur la Terre moins hermétiques que les autres.* » (**Les contes du whisky**, éditions NéO, page 166). Cette même nouvelle évoque également irrésistiblement deux classiques du Cycle de Cthulhu. Son thème principal (« *Nous sommes (…) toujours sur le petit tertre sablonneux, mais un singulier monde diaphane, à peine visible, s'y juxtapose. (…) Ce ne sont pas des fumées, mais des yeux, des mains, des griffes, des organes atroces… Le corps du chemineau vient d'être happé par le cône… (…) Le professeur a disparu, enlevé… Une pluie de sang m'inonde.* », **Les contes du whisky**, page 169) renvoie à **The Hounds of Tindalos** (1929) de Frank Belknap Long (« *Il y a un temps* *incurvé et un temps angulaire. Les êtres qui existent en temps angulaire ne peuvent pénétrer dans le temps incurvé. (…) Les chiens de Tindalos (…). Ils ne peuvent parvenir jusqu'à nous que par les angles. (…) Je vais réciter la formule d'Einstein. (…) Mon Dieu, ils sont en train de passer ! (…) La fumée sort à flot des angles des murs. »*, **Les chiens de Tindalos**, dans **Lovecraft** tome 1, pages 640-646), ainsi qu'à **From Beyond** (1934) de H.P. Lovecraft (*« (…) la partie inhabituelle était superposée à la scène terrestre habituelle (…). Je vis le laboratoire, (…) mais dans l'espace inoccupé par les objets familiers, il n'y avait pas une parcelle qui fût vide. Des formes indescriptibles, à la fois vivantes et inanimées, (…) et auprès de chaque objet connu il y avait des univers d'entités inconnues (…) des monstruosités gélatineuses et noires (…). »*, **De l'au-delà**, dans **Lovecraft** tome 2, page 58). Tandis que son épilogue, en nous renvoyant au second texte classique, ne peut que nous conforter dans l'idée que les habitants des autres dimensions rayennes sont les Grands Anciens lovecraftiens, par la référence à leur pouvoir d'influer sur les rêves humains. « *(…) le jour de cette disparition, et à l'heure correspondante, le fameux médium américain Marlowe entra dans des transes inouïes. Il se rua vers le tableau noir et y dessina (…) des figures de cauchemar entremêlées à des formes sphériques et coniques et qui, dans une formidable ruée de rage, poursuivaient un être humain. (…) En marge du dessin, il écrivit ces mots : Je ne suis pas mort... C'est pire... (…) Ils vous guettent !...* » (**Les étranges études du Dr Paukenschläger**, dans **Les contes du whisky**, page 170). « *(…) beaucoup d'entre eux avaient fait des rêves très bizarres (…). Et certains de ces rêveurs avouaient avoir eu une peur intense de la chose gigantesque et indicible qui était devenue visible vers la fin.* » (**L'appel de Cthulhu**, dans **Lovecraft** tome 1, page 66).

Les théories d'Einstein étaient très populaires à l'époque où vivaient les deux écrivains, ce sont elles qui sont à la base de leur univers multi-dimensionnel. « *Ainsi, dans les archives de Hambourg, on parle d'atrocités qui se commirent pendant l'incendie (…). Or, ces troubles eurent lieu plusieurs jours avant le sinistre. Comprenez-vous la figure que je viens d'employer sur la contraction du temps et de l'espace ? (…) La science moderne n'est-elle pas acculée à la faiblesse euclidienne, par la théorie de cet admirable Einstein* (…) *?* » (**La ruelle ténébreuse**, dans **La croisière des ombres**, page 149). « (…) *je formai l'idée chimérique qu'en vivant à une époque donnée, on pouvait projeter son esprit à travers l'éternité pour connaître les siècles passés et futurs.* (…) *chez les mathématiciens, on parla de nouveaux aspects de cette théorie de la relativité* (…). *Le Dr Albert Einstein, disait-on, allait vite ramener le temps à l'état de simple dimension.* » (**Dans l'abîme du temps**, dans **Lovecraft** tome 1, page 524). Les Grands Anciens ont beau être des démons, la voie de leur univers s'ouvre, non par la magie, mais par la science, et notamment celle des mathématiques. « (…) *il est* (…) *très utile de* (…) *disparaître* (…) *dans une autre dimension, grâce à une connaissance approfondie de l'hyper-géométrie.* (…) *à l'instant où la sentence fut rendue, il découvrit l'ultime chiquenaude qui met en marche les univers.* (…) *Il fit le geste final de Peltry et disparut dans la dimension inconnue, en y emmenant les douze jurés* (…). *Arrivé dans ce monde de réalité mathématique, il les y exécuta* (…). » (J. Ray, **Mathématiques supérieures**, dans **Le carrousel des maléfices**, éditions NéO, pages 9-10). « *Vers la fin de mars, il se remit aux mathématiques* (…). *Il* (…) *stupéfiait* (…) *par sa compréhension des problèmes de la quatrième dimension* (…). *Un après-midi il y eut une discussion sur l'existence possible de courbures insolites de l'espace, et de points théoriques* (…) *de contact entre notre partie du cosmos et diverses autres régions aussi éloignées que les étoiles les plus lointaines ou les abîmes transgalactiques eux-mêmes — ou même aussi fabuleusement distantes que les unités cosmiques expérimentalement concevables au delà du continuum espace-temps einsteinien.* » (**La maison de la sorcière**, dans **Lovecraft** tome 1, page 468). **La maison de la sorcière (The Dreams in the Witch-House**, 1933) est le seul texte de HPL qui rattache explicitement l'univers des Grands Anciens à la science des mathématiques. Il est aussi le seul à utiliser les concepts chrétiens que sont le Diable et la sorcellerie : l'œuvre de Lovecraft ne laisse aucune place à la religion (au contraire de son disciple August Derleth, catholique pratiquant). Et encore, ce texte assimile intelligemment sorcellerie et science, Diable et Grand Ancien : « *Le professeur* (…) *goûta particulièrement sa démonstration de la parenté des mathématiques supérieures avec certains moments du savoir magique transmis à travers les âges depuis une indicible* *antiquité — humaine ou préhumaine* (…). » (**Lovecraft** tome 1, page 469). « *Il y avait la figure immémoriale du représentant ou de l'envoyé de puissances cachées et redoutables — l'Homme Noir du culte des sorcières, et le Nyarlathotep du* Necronomicon. » (**Lovecraft** tome 1, page 482). Dans le cas présent, il est impossible de comparer Lovecraft dont la seule religion est la science et dont les Grands Anciens sont au delà du Bien et du Mal, et Jean Ray, dont tous les textes reflètent les croyances religieuses (n'oublions pas qu'un grand nombre a été publié par l'abbaye d'Averbode) et qui associe tous les dieux autres que celui des chrétiens au Mal (comme Derleth). Malgré cette opposition d'ordre théologique, il est possible de trouver des points communs entre **The Dreams in the Witch-House** et un texte mineur de Jean Ray, **La sorcière** (1952), où un jeune homme tombe sous l'emprise d'une vieille sorcière qui l'entraîne dans une autre dimension où règne l'Homme Noir. Mais pour un croyant comme Jean Ray, l'Homme Noir est vraiment le Diable, même si l'enfer est présenté plus comme une dimension scientifique que comme un univers métaphysique ; et cet enfer revient souvent dans l'œuvre de l'écrivain : **Dürer l'idiot** (1929), **M. Gallagher went home** (1944), **Un tour de cochon** (1958), **Passez à la caisse !** (1958), **Le banc et la porte** (1960), **Têtes-de-lune** (1961). Dans ces textes se relève la différence majeure entre le fantastique lovecraftien et celui de Jean Ray : HPL affectionnait un fantastique cosmique où l'homme n'était qu'un pion face à des forces qui le dépassaient. Le fantastique de Jean Ray est profondément humain, et ses démons aussi : difficile de retrouver en eux la puissance cosmique des Grands Anciens dans la plupart des cas (ce qui ne fait que rendre plus évident le lien entre les exceptions et les récits du Cycle de Cthulhu). Le Diable se montre d'une mesquinerie indigne des Grands Anciens quand, dans la plus pure tradition faustienne, il se joue des humains pour leur escroquer leur âme (**Dürer l'idiot** et **Mondschein-Dampfer**, dans **La croisière des ombres**). Parfois, l'enfer prend une dimension psychanalytique et est lié à la culpabilité : **Têtes-de-lune, Le banc et la porte, Passez à la caisse !, M. Gallagher went home**, autant de nouvelles où le héros est condamné à revivre son passé criminel ; c'est aussi le cas pour celui du **Grand Nocturne**, un texte qui nous intéresse plus dans le cadre de ce dossier (et dont nous reparlerons dans le chapitre V).

Après **La ruelle ténébreuse**, les dimensions parallèles sont demeurées un sujet de prédilection pour Ray : **Le Psautier de Mayence, Le Grand Nocturne, Le cimetière de Marlyweck, La choucroute, M. Wohlmut et Franz Benschneider, Rues, Mathématiques supérieures, Le Tessaract, La Grande Ourse, La trouvaille de M. Sweetpipe, La formule.** *« La contraction du temps et de l'espace »* demeure la clé de ces univers. *« Mais cette taverne n'existait pas pour Sanders ni pour d'autres, car elle se situait hors du temps du bon commissaire et de ses concitoyens (…). »* (**Le Grand Nocturne**, éditions Labor, page 50). *« L'abbé Doucedame (…) a bien voulu me parler d'un certain pli dans l'espace pour expliquer la juxtaposition de deux mondes, d'essence différente, dont Malpertuis serait un abominable lieu de contact. »* (**Malpertuis**, Marabout, pages 87-88). *« Il retrouva les vieilles maisons mais, au lieu de trois, il n'en compta plus que deux cette fois. La confiserie et la papeterie étaient contiguës. Il n'y avait pas de magasin d'accessoires de golf entre elles. (…) il en va autrement pour la maison intercalaire. Je suppose que vous ne connaissez pas grand-chose aux théories d'Einstein ? »* (**La Grande Ourse**, dans **Les contes noirs du golf**, éditions NéO, pages 86-87). La preuve de l'attachement de Jean Ray envers le sujet se trouve dans le recueil **Le livre des fantômes** (« *(…) il revint le lendemain dans la ruelle et ne trouva ni remises, ni portes, mais un grand mur nu.* », page 176) : en effet, la nouvelle intitulée **Rues** est présentée par l'auteur comme un document ; c'est un moyen pour lui de consolider sa légende, d'apporter de la crédibilité à son univers fictif, comme Lovecraft l'avait fait en imaginant le **Necronomicon**.

L'aspect humain du fantastique rayen provoque un paradoxe : pourquoi ces autres dimensions sont-elles marquées de l'empreinte de l'homme au même titre que la nôtre ? Dans **La choucroute** et **Drummer-Hinger**, rien de tel, pour passer d'une dimension à l'autre, que… le chemin de fer ! *« J'allais en classe (…) lorsque j'ai reçu un coup. (…) Directement après le coup m'est venue une résolution inattendue de partir en voyage. (…) Mais où vais-je ? Je me souviens avoir demandé un billet. (…) Je crois que je comprends (…). Je suis convaincu que tous ceux qui se meuvent dans ce train… sont morts. (…) En outre, nous faisons le voyage vers la Grande Destination.*

La fin dernière. » (**Drummer-Hinger**, dans **Contes d'horreur et d'aventures**, 10/18, page 46). Par deux fois, le narrateur, en prenant le train, s'est retrouvé où il ne devait pas être. En empruntant une ligne réservée aux morts, à destination de l'au-delà (**Drummer-Hinger**), et en descendant à un arrêt ne figurant sur aucun plan de ligne, et situé en enfer (**La choucroute**). Le scientifique de **La formule** est bien prêt de découvrir la solution mathématique conduisant vers les autres dimensions ; ce qui lui vaut d'être enlevé par les habitants — tout à fait humains — de ces dimensions. Le pauvre boutiquier de **Smith... comme tout le monde** a moins de chance en effectuant les mêmes recherches puisqu'il y perd la vie ; il est vrai qu'il avait été plus loin, découvrant l'implication divine dans la quatrième dimension (pourquoi pas, puisque nous y avons déjà découvert la présence du diable ?): « M. Smith écrivait en fin de page : — *Il n'en a pas fallu davantage pour qu'aux tréfonds de l'Incommensurable, pour ne pas dire de l'Infini, Celui qui porte cent noms redoutables, entrevit que son éternelle fuite devant les découvertes des hommes avait pris fin, et que cela signifiait autant pour Lui que pour l'Espace et le Temps, la fin des choses... — Cette nuit-là, la foudre s'acharna sur Russel Street. Par trois fois, elle frappa de fulgurantes décharges l'épicerie et la pulvérisa.* » (**Le carrousel des maléfices**, pages 178-179). Nous avons là un Dieu unique fort jaloux de son mystère, qui se place bien au-delà du Bien et du Mal. Conception plus lovecraftienne que rayenne d'un Dieu pour qui l'homme n'a guère plus d'importance que n'en a une fourmi pour nous.

Il existe chez Jean Ray une autre voie pour aborder les univers parallèles que la science einsteinienne des mathématiques ou les étranges moyens humains typiques de son œuvre : il s'agit des fenêtres très particulières que sont les miroirs. **Le miroir noir**, s'il n'aborde pas le sujet des autres dimensions, introduit néanmoins plusieurs motifs lovecraftiens. Tout d'abord, l'idée d'un miroir qui montre des visions d'ailleurs. Puis, l'existence d'une bibliothèque interdite, avec notamment un auteur que les lovecraftiens connaissent bien : le Dr John Dee, fameux et historique sorcier qui proposa entre autres une traduction du **Necronomicon. La trouvaille de M. Sweetpipe** (1935) et **M. Wohlmut et Franz Benschneider**, qui évoquent **Les étranges**

études du Dr Paukenschläger, sont encore plus franchement lovecraftiens. La preuve (par morceaux choisis et comparés) ? « *Ses premières observations portant sur les débris de la bouteille lui apprirent que le verre, tout en ne différant guère du verre ordinaire, polarisait la lumière d'une manière tout à fait inattendue.* » « *Voici que je vois des montagnes, et quelque chose qui ressemble à un lac. Mais où sommes nous ? — Où donc, sinon dans ma chambre ? (…) mes regards, quittant la falaise, glissèrent le long de la lointaine rive du lac silencieux. Une forme immense, imprécise encore, y avançait dans une brusque et malhabile reptation. Elle était, en effet, mal définissable encore, mais je sentis sa monstruosité, sa hideur, avant de la voir.* » (**M. Wohlmut et Franz Benschneider**, dans **Le livre des fantômes**, pages 62 et 58-60). « *J'étais assis face à la fenêtre, et voilà ce que je vis : le côté nébuleux du verre se dissipa, et, médusé, c'était un paysage grillé de soleil que j'avais maintenant sous les yeux. Pourtant, il faisait nuit. (…) C'était une terre aride, avec des roches sablonneuses, la pauvre végétation des zones désertiques, des cavernes, et à l'horizon, des cimes neigeuses. (…) Peu à peu un monstre inimaginable apparut. Je ne vis d'abord qu'un tentacule (…). Enfin, des ténèbres de cette caverne, émergea une tête épouvantable. (…) C'était une parodie immonde de toute humanité pensable.* » (A. Derleth, **La fenêtre à pignon**, dans **Lovecraft** tome 3, pages 497-498). « *Ils m'ont parlé d'hypergéométrie, d'espaces intercalaires et de quatrième dimension. (…) Ce monde existe, il est peuplé de créatures férocement intelligentes, qui ne veulent aucune intrusion dans leur domaine. (…) Les miroirs sont les uniques passages de ce monde dans le nôtre (…). Les miroirs sont autant de claires fenêtres (…).* » (**La trouvaille de M. Sweetpipe**, dans **Visages et choses crépusculaires**, éditions NéO, pages 174- 175). « *(…) je (…) regardai par le panneau central de verre transparent (…). Or, à mon inexprimable horreur, je vis (…) un paysage qui m'était totalement étranger, complètement différent de tout ce que je connaissais. (…) le paysage qui s'étalait devant mes yeux était troué et déchiré et assurément non terrestre ; le ciel au-dessus était rempli de constellations étranges et mystérieuses (…). Et dans ce spectacle, cela bougeait — des mouvements dans ces cieux étranges, des mouvements dans ce paysage maudit comme si de grands êtres amorphes se précipitaient vers moi (…), grotesques* *représentations de poulpes et terribles choses qui planaient sur de grandes ailes noires et gélatineuses* (…). » (A. Derleth, **Le rôdeur devant le seuil**, dans **Lovecraft** tome 3, pages 373-374). Etrange coïncidence que ces visions de paysages assez semblables peuplés de monstrueuses créatures vivant au-delà du miroir, chez deux écrivains n'ayant très certainement jamais entendu parler l'un de l'autre à l'époque, n'est-ce pas.

CHAPITRE III : LIEUX

Le centre de l'univers lovecraftien se situe en Nouvelle-Angleterre, une Nouvelle-Angleterre rêvée dont les principales villes aux sombres secrets sont Arkham, Dunwich et Innsmouth. Mais l'influence des Grands Anciens s'étend sur le monde entier à partir de ces trois points : Vermont, Alaska, Arctique et Antarctique, Pacifique sud (la Polynésie), Australie… De la même manière, l'univers fantastique de Jean Ray est tout aussi étendu, avec des points d'activité principaux : l'Angleterre (tout aussi rêvée que la Nouvelle-Angleterre de HPL) et la vieille Europe (la Belgique principalement).

L'Angleterre de Jean Ray doit énormément aux récits de Charles Dickens et de Arthur Conan Doyle. C'est dire si elle surgit directement du passé, avec ses brumes, ses crimes et sa misère populaire. Le plus célèbre personnage rayen, Harry Dickson, doit beaucoup à Sherlock Holmes. Ce qui n'est guère étonnant : Ray, au début des années trente, est chargé de traduire en français la série germanique **Harry Dickson** (il n'est pas son premier traducteur). Or cette série est une adaptation d'une publication néerlandaise lancée en 1909, **Sherlock Holmes, roi des détectives**, vite interdite par les héritiers de Conan Doyle et remplacée par **Les dossiers secrets du Roi des Détectives** ; tous ces fascicules étaient anonymes. Dickson œuvre à Baker Street, comme Holmes, mais un autre célèbre lieu londonien apparaît chez Ray : Whitechapel (qui vit les « exploits » de Jack l'Eventreur). Mais c'est ailleurs qu'il faut chercher la présence des Grands Anciens.

Les marais du Fenn ont sinistre réputation ; quelque chose sévit dans ces marécages difficilement accessibles. « *Un chasseur ne se risque jamais le long de la grande fondrière du Fenn (…). (…) il y a déjà eu des disparitions dans ces parages.* » (**Dans les marais du Fenn**, dans **Les contes du whisky**, page 48). « *Le Fenn est un marais hideux, voisin de la mer d'Irlande, redouté pour ses sables mouvants et ses boues profondes et prudemment tenu à l'écart de toutes les aventures de chasse. (…) Voilà deux fois (…) que j'entends parler de cet oiseau* *fabuleux que vous appelez le Wûlkh (…). La première fois, ce fut quand Nat Lamb partit à sa recherche dans le Fenn.* » (**L'histoire du Wûlkh**, dans **Le Grand Nocturne**, éditions Labor, pages 300-301). Découvert, le Wûlkh s'avère être une créature surgie de la nuit des temps, un reptile préhistorique, le ptérodactyle. Mais il n'est finalement que la création d'un esprit humain, malade et surpuissant. Comme les autres créatures qui hantent le marais. « *L'eau bouillonna, une grosse coupe grise émergea, pleine d'ombre. (…) Deux yeux formidables, horribles comme des lunes maudites, trouèrent la sphère de deux hublots de flamme liquide, puis des tentacules géants s'étirèrent, pleins de cruelle lassitude.* » (**L'histoire du Wûlkh**, dans **Le Grand Nocturne**, page 312). Mais cet esprit humain n'est-il pas, justement, suffisamment malade pour imaginer qu'il crée l'horreur ? Et si ces créatures existaient bien, satisfaites d'avoir trouver un serviteur humain ? Nous savons en effet, par les récits du Cycle de Cthulhu, que les Grands Anciens hantent les marécages anglais. « *Ib n'est plus, mais ses dieux vivent encore. A l'autre bout du monde, la cité sœur se cache sous terre, dans les régions barbares de la Zimmérie. — Et où se trouve cette Zimmérie ? (…). — Pourquoi tenez-vous tant à le savoir ? (…) Que cherchez-vous ? — Mon pays (…). — Puis-je vous demander de quelle région vous venez? — Du nord-est, dis-je, pensant subitement à mes marécages. (…) — Zimmérie, ou ce qu'il en reste, enveloppe toute cette région nord-est de l'Angleterre, votre pays.* » (B. Lumley, **La cité sœur**, dans **Lovecraft** tome 1, page 884). Aucun esprit humain paranormal n'est à l'œuvre dans **Dans les marais du Fenn**, et pourtant nulle trace d'aucune créature n'est jamais retrouvée. Mais ça ne veut pas dire qu'il n'y ait rien. « *(…) j'aperçus tout à coup, au milieu des branchages, quelque chose d'étrangement brillant… C'était (…) un œil monstrueux, d'un vert de fanal allumé, qui me fixait avec une rage terrible. Et, soudain, je fus giflé, secoué comme par une légion de démons, puis jeté furieusement contre le sol, et maintenu par une étreinte innommable. (…) je n'avais pas lâché mon fusil. (…) et je pressai les deux gâchettes à la fois. (…) une clameur féroce, crachant dans une langue inconnue les plus formidables blasphèmes, roula, puis se perdit dans un grand fracas d'eau jaillissante.* » Le chasseur découvre uniquement « *une énorme main brune terminée par des griffes horribles… La matière en était gélatineuse et peu* *consistante ; elle se décomposa, au bout de quelques heures, en un liquide rose et gluant, d'une odeur insupportable...* » (**Les contes du whisky**, pages 49-50). Cette disparition n'est pas sans évoquer un classique lovecraftien, **The Dunwich Horror** (1929) : « *Le monstre qui gisait sur le flanc, plié en deux dans une mare d'un fluide jaune verdâtre d'une viscosité de goudron, mesurait près de neuf pieds (…). Il était partiellement humain sans aucun doute, avec ses mains et sa tête d'homme (…). Mais le torse et le bas du corps relevaient d'une tératologie fabuleuse (…). (…) Le dos bigarré de jaune et de noir évoquait vaguement la peau squameuse de certains serpents. (…) Il était couvert d'une épaisse et rude fourrure noire, et de l'abdomen pendaient mollement vingt longs tentacules gris verdâtres (…). (…) d'effroyables métamorphoses s'accomplissaient sur le plancher. Il est inutile de décrire le genre et le degré de réduction et de désintégration qui se produisirent (…). (…) il ne restait sur les lattes peintes qu'une masse visqueuse blanchâtre, et l'odeur monstrueuse avait presque disparu.* » (**L'abomination de Dunwich**, dans **Lovecraft** tome 1, pages 243-245).

Si les marécages peuvent sans problème abriter des créatures surgies de la nuit des temps ou des profondeurs de l'espace, les cités du vieux continent représentent le côté plus typiquement rayen de l'œuvre, un fantastique humain différant totalement de l'horreur cosmique selon HPL. Nous l'avons déjà évoqué dans le chapitre II (les nouvelles **La choucroute** et **Drummer-Hinger**), il s'agit d'une bizarre contradiction : comment des objets et des lieux nés de la main de l'homme peuvent-ils conduire là où il n'a pas accès (d'autres dimensions, notamment). Dans certains cas, cela s'explique aisément : des demeures ont été construites sur les points où la barrière entre les univers est plus fragile. Chez Lovecraft, ces demeures se retrouvent dans **The Music of Erich Zann** (1922), **He** (1926), **The Strange House in the Mist** (1931), **The Dreams in the Witch-House** (1933). D'étranges événements s'y déroulent ; mais chez Jean Ray, les demeures elles-mêmes dégagent une impression d'étrangeté, comme animées d'une vie propre. « *Mes pas sonnèrent librement dans des pièces contiguës meublées en parloirs de couvent, sur un escalier en chêne magnifique qui... (…). Cet escalier ne menait nulle part ! Il* *plongeait à même la muraille terne comme si, au-delà de la barrière de pierre, il se prolongeait encore. (…) Je retournai dans la cuisine où, par une fenêtre grillée, je vis une courette ténébreuse, formant puits entre quatre murs immenses et moussus. (…) Les trois petites maisons sont identiques ; partout je trouve la cuisine proprette, les meubles avares et reluisants, la même lueur irréelle et crépusculaire, la même tranquilité sereine et ce mur insensé devant lequel s'achève l'escalier.* » (**La ruelle ténébreuse**, dans **La croisière des ombres**, pages 134-136). Cette rue qui n'existe pas (« (…) *la Bérégonnegasse, impasse incompréhensible chevauchant notre monde terrestre* (…). », page 139) en évoque une autre, située elle aussi sur le vieux continent — bien que son créateur soit américain (« *Je n'ai jamais vu de rue aussi étroite et aussi raide que la rue d'Auseil. C'était presque une escalade ; elle était fermée à tous véhicules, coupée d'escaliers par endroits, et bouchée à son sommet par un mur élevé et couvert de lierre. (…) Malgré toutes mes recherches, malgré toutes mes enquêtes, je n'ai jamais pu, depuis, retrouver la rue d'Auseil.* », **La musique d'Erich Zann**, dans **Lovecraft** tome 2, pages 89-96). Après **La ruelle ténébreuse** de Hambourg, les demeures se succédèrent, semblables dans leur ancienneté et leur sombre étrangeté, toutes baignant dans un mystère indéfinissable et une peur latente. La maison d'aspect tranquille où disparaît **Dürer l'idiot** : « *Peut-être qu'à la longue j'aurais eu confiance en cette maison, mais je sentais que ce calme n'était qu'apparent. Elle avait son secret (…). (…) le mystère était en marche (…). Pendant des semaines je l'avais cherché dans l'ombre des caves et des greniers, par les minuits ensanglantés des lueurs rôdeuses des chandelles et des lanternes sourdes. (…) Et ce qui le libérait, c'était l'orage électrique (…). (…) la porte commençait à s'ouvrir, lente, silencieuse (…). Dans cette maison où j'étais seul, (…) une porte s'ouvrait seule (…). Une chose innommable, une main, géante parmi les géantes, ardente d'un immense feu intérieur, (…) et suivait...* » (**La croisière des ombres**, pages 70-75). La Taverne de l'Alpha, située (?) dans le Ham, dans **Le Grand Nocturne** : « *L'hôtel du baron Pisacker touche pourtant à celui de M. Minus, et voici que cette gentille bâtisse est située entre les deux. (…) Ils pénétrèrent dans un coin de paradis métallique et bizarrement lumineux, comme au cœur d'un cristal rare. Les murs étaient tout en vitraux, sans dessins* *définis, mais derrière les vitraux palpitait une lumière animée* (…). » (**Le Grand Nocturne**, éditions Labor, page 28). Et toute une ville, voire toute une région, dans **La cité de l'indicible peur** : « — *C'est qu'on ne veut pas aller à Ingersham ! (…) C'est... une ville maudite, bredouilla l'homme, et le démon y a beau jeu. (…)* (le maire) *ne veut pas que l'on parle de la Grande Peur d'Ingersham. (…) La peur c'est la peur, et on ne l'explique pas. (…) la gypsy avait rassemblé ses enfants* (…). —- *Qu'ils meurent de faim, c'est leur destin, dit-elle farouchement, mais que les monstres de là-bas viennent me les saigner comme des lapins, ah ! Dieu non ! Elle brandit un poing haineux vers les tours lointaines de l'hôtel de ville, brûlant comme des cônes d'or ardent dans la folle lumière.* » (**La cité de l'indicible peur**, éditions NéO, pages 107-109). Mais seul **Le Grand Nocturne** nous fait concevoir, comme **La ruelle ténébreuse**, quelque chose du cosmique lovecraftien. **Dürer l'idiot** appartient à un fantastique traditionnel, plus habituel à Jean Ray, avec ses influences sataniques provenant directement des mythes chrétiens ; et **La cité de l'indicible peur** est un récit policier à l'atmosphère fantastique, un Harry Dickson sans **Harry Dickson**, où les fantômes qui hantent la petite ville ont pour noms Superstition et Mauvaise Conscience.

Nous n'évoquerons plus les îles du Pacifique (Chapitre I), dont Lovecraft faisait les derniers vestiges des continents engloutis, mais ne terminons pas ce chapitre sans visiter deux derniers lieux essentiels de l'univers rayen. **Malpertuis** est le chef d'œuvre de Jean Ray, un subtil récit d'angoisse dont la vedette incontestée est une vieille demeure : « (…) *je n'ai eu aucune peine à retrouver la rue du Vieux-Chantier, où se trouve Malpertuis, et sans trop de recherche j'y retrouve la maison elle-même, parmi les hautes et sinistres demeures, ses voisines. (…) Elle sue la morgue des grands qui l'habitent et la terreur de ceux qui la frôlent. Sa façade est un masque grave, où l'on cherche en vain quelque sérénité. C'est un visage tordu de fièvre, d'angoisse et de colère, qui ne parvient pas à cacher ce qu'il y a d'abominable derrière lui.* » (**Malpertuis**, Marabout, pages 52-53). Le second lieu représente parfaitement cette contradiction évoquée plus haut : comment des endroits si banalement liés à la vie de l'homme peuvent-ils dégager totalement une impression d'inhumanité (et même plus qu'une impression dans le cas présent) ? « — *C'est le moment ou jamais d'aller faire un tour au cimetière (…). Allez-y, la grille d'entrée est à vingt pas. (…) La grille grinça et s'ouvrit (…). (…) Je me trouvai sur une vaste pelouse verte, entouré de pierres tombales et d'imposants monuments funéraires. (…) Mes regards avaient été attirés par une lourde statue verdâtre (…). (…) A ce moment, je me sentis frôler le dos. Je me retournai et constatai avec un peu d'étonnement que la statue de bronze se trouvait plus près de moi que je ne l'avais pensé. (…) Je lui tournai le dos et découvris un nouveau sujet d'étonnement. La haie de stèles et des fûts tronqués s'était sensiblement déplacée vers ma droite et se dressait entre moi et la grille ; (…) quant au cimetière des enfants, il semblait le plus acharné à me barrer la retraite : il avançait visiblement, dans un mouvement de reptation de plus en plus accéléré.* » (**Le cimetière de Marlyweck**, dans **Le Grand Nocturne**, éditions Labor, pages 240-242). Malheureux héros rayen, dont le seul crime aura été de découvrir ce qui se cache derrière les aspects rassurants de notre univers cartésien ; comme ce curieux cimetière, qui n'est pas si facile à trouver (« — *Je vais vous conduire au cimetière de Marlyweck! — (…) cela ne peut être. Souvenez-vous de notre promenade à Wormwood Scrubs... Il n'y était pas. — Il n'y était plus, rectifia Peaffy d'une voix sombre. — Soit, je veux bien le croire... Nous avons poussé alors jusqu'au fond de Paddington, (…) et le cimetière... — Disparu un peu avant notre arrivée ; cela j'en suis certain, car j'ai vu l'immense plaine noire et vide. — (…) Cela m'avait tout l'air d'un gouffre béant.* », pages 235-236). Qui peut bien avoir créé un tel lieu ? Les cimetières lovecraftiens, malgré les horreurs qu'ils recèlent, sont d'un banal en comparaison : **The Statement of Randolph Carter** (1920), **The Hound** (1924), **The Unnamable** (1925).

Pour terminer, pénétrons dans une de ces demeures, et voyons ce que contient la bibliothèque. Qui sait si nous ne découvrirons pas sur une étagère un exemplaire du **Necronomicon**. Tout d'abord, rien que du très classique : « (…) *un traité très ordinaire du Grand Albert, suivi d'un succinct exposé de la Clavicule de Salomon (…).* » (**Le Grand Nocturne**, page 32) ; le b-a-ba du sorcier, pourrait-on dire. Plus loin, un manuscrit anonyme parle d'une « *pierre noire au moyen de laquelle* *le Dr Dee évoquait les esprits* » (**Le miroir noir**, dans **Le Grand Nocturne**, page 316). Mais LE livre interdit apparaît dans la nouvelle **Maison à vendre**, où Ray propose la généalogie de l'ouvrage, comme HPL l'avait fait pour son **Necronomicon** : « *Qui donc est l'auteur de cet effroyable mémoire du sortilège raisonné (…) ? On cite trois ou quatre noms obscurs (…). Tout ce que l'on sait, ou plutôt ce que l'on admet, c'est qu'il est né au XVIIIe siècle à Stein, petite ville suisse du canton d'Appenzell. C'est là que le document fut découvert plus tard, par Simon Rowledge, un descendant de l'énigmatique Dr John Dee, le constructeur du miroir noir qui fit l'orgueil et le malheur de la famille Walpole, aux siècles passés. (…) L'auteur a distillé en quelque sorte les œuvres* du Grand Albert, La Clavicule du roi Salomon, Le Livre de la Kabbale, *rejeté, comme résidu inutilisable, leur hermétisme, leur obscurité, voire leur fantaisie, pour en arriver à une quintessence claire, nette et redoutable.* » (**Le livre des fantômes**, pages 21-22). Jean Ray établit dans **Maison à vendre** les bases de sa bibliothèque interdite, réutilisant, par des références, les ouvrages cités dans les nouvelles antérieures (**Le Grand Nocturne**, **Le miroir noir**), bases qui seront recyclées dans les nouvelles postérieures où réapparaîtra LE livre interdit, le **Grimoire Stein** : il ne s'agit que d'un extrait dans **La conjuration du lundi** (1952), en revanche, dans le roman inachevé **Saint-Judas-de-la-Nuit** (1964), le **Grimoire Stein** occupe une place importante, et Jean Ray revient sur sa généalogie (en la présentant comme réelle). Mais cet ouvrage maudit n'est jamais qu'un traité de sorcellerie, en aucun cas le livre qui nous ouvrirait les portes des autres mondes où règnent encore les Autres Dieux, les Grands Anciens ou autres divinités niées par la chrétienté ; un livre comme le **Necronomicon** lovecraftien. Cet équivalent existe néanmoins chez le romancier belge. Pourtant, à première vue, l'**Heptaméron Magique** relève de la « mythologie » chrétienne, avec ses démons et ses anges. Mais très vite, force est de constater que ces derniers, dans leur mépris commun des concepts élémentaires du Bien et du Mal, se rapprochent plutôt des entités imaginées par HPL. Au moins quatre textes de Ray utilisent l'**Heptaméron Magique** : **Ronde de nuit à Kœnigstein** (1947), **La conjuration du lundi** (1952), **Le cas de Lady Stillington** (inédit de son vivant), **Le diable et Peter Stolz** (un Flanders néerlandais traduit en français en 1975).

CHAPITRE IV : BESTIAIRE

Les Dieux surnommés Grands Anciens ne sont pas les seules entités à hanter le Cycle de Cthulhu. Leurs serviteurs sont généralement de chair et de sang, même si tout à fait monstrueux. Beaucoup viennent d'autres univers tout comme leurs Maîtres. Les plus connus sont sans doute Ceux des Profondeurs (The Deep Ones), monstrueux amphibiens au service de Cthulhu (**Dagon, The Shadow over Innsmouth**). Néanmoins, le lovecraftien Brian Lumley nous prévient : « *Les Etres des Profondeurs (…) étaient de toutes formes et de toutes tailles.* » (**L'abominable Cthulhu**, éditions Fleuve Noir, page 165). La créature marine issue du folklore fantastique qui apparaît chez Jean Ray dans **Entre deux verres et L'homme qui osa** ne serait-elle pas alors un de ces Etres des Profondeurs, Derleth soulignant les similitudes entre la créature du Cycle de Cthulhu et la légendaire Sirène (**The Fisherman of Falcon Point**, 1959 ; **Innsmouth Clay**, 1971) ?

Nombre de ces monstres lovecraftiens (y compris Ceux des Profondeurs) ayant un aspect vaguement anthropomorphe, des unions contre-nature avec des humains virent le jour. Ce type d'union est rare chez Ray, mais existe, notamment dans un — peut-être deux — texte versant dans l'absurde non cartésien. « *Elle mit au monde un enfant hideux à tête et bec de perroquet, aux membres absolument difformes et terminés en serres de rapace. (…) les médecins assistant l'accouchée, estimant que la créature n'était pas viable, la firent baptiser sur l'heure. Mais, à peine l'eau luctale avait-elle humecté la tête difforme, que le monstre se recroquevilla, poussa une atroce clameur et mourut.* » (**Les noces de Mlle Bonvoisin**, dans **Les derniers contes de Canterbury**, éditions NéO, pages 45-46). **L'histoire de Marshal Grove** (voir Chap. I), avec son personnage de femme mystérieuse ramenée d'une région maudite, et son héros qui, inconscient de son hérédité, se transforme, nous fait penser à la nouvelle **The Shadow over Innsmouth** ; mais il n'y a peut-être pas eu union contre-nature, simplement les conséquences d'une malédiction, un thème fréquent chez Jean Ray, qui a particulièrement alimenté son bestiaire (ne devant rien au Cycle) : **Le singe** (1921), **Irish Whisky** (1923), **Le chat assassiné** (1944), **Le cousin Passeroux** (1947)…

La Bête Blanche est un texte des débuts de Jean Ray (1921). Par coïncidence, son thème (un homme face à une créature mi-humaine dans les profondeurs d'une caverne) rappelle celui d'un texte des débuts de H.P. Lovecraft, **The Beast in the Cave** (1918). Mais c'est d'une autre créature du folklore fantastique que Jean Ray semble s'être inspiré : « *La Bête Blanche ! Le mystérieux monstre des antres insondables du pays du silence blanc. Les indiens Sitkis en parlent tout bas sous leurs tentes de cuir de caribou.* » (**Les contes du whisky**, page 127). Cette Bête Blanche ne serait-elle pas le mythique Wendigo, auquel Algernon Blackwood a consacré un récit dont Lovecraft dit grand bien ? (« *Un autre conte d'une force étonnante mais d'un art moins achevé est The Wendigo où le lecteur est confronté aux horribles traces d'un immense démon forestier dont les bûcherons des forêts du Nord parlent à voix basse le soir.* », **Epouvante et surnaturel en littérature**, dans **Lovecraft** tome 2, page 1120). Plus tard, August Derleth intégrera le Wendigo au Cycle de Cthulhu en en faisant Ithaqua.

Nous terminerons ce chapitre consacré au Bestiaire par deux félins. Celui de la nouvelle **Le chat assassiné** (dans le délirant recueil à thème **Les derniers contes de Canterbury**, 1944) a été imaginé par Jean Ray en hommage à Hoffman, en même temps qu'un Paradis des chats, où siège le Grand Chat. A ce Paradis correspond chez Lovecraft un endroit qui n'existe que dans le Monde des Rêves : Ulthar (**The Cats of Ulthar**, 1920 ; **The Dream Quest of Unknown Kadath**, 1943). Celui de la nouvelle **Merry-Go-Round** provient d'une époque où des créatures monstrueuses (mais réelles) foulaient la Terre ; et l'on se demande, à la lecture de ce texte, quels terrifiants et cosmiques secrets, dignes de Lovecraft, se cachent derrière les certitudes des livres de sciences naturelles. « *On dirait... un tigre... mais l'horreur en plus ! s'écria t-il. — En effet. Je ne crois pas me tromper en disant que c'est un machairodus, le tigre de la préhistoire. (...) Mais quel géant cela a dû être (...) ! (...) — Des muscles à moitié décomposés... J'attire votre attention sur leur singulière couleur verdâtre et bronzée ; (...) Quant à l'odeur, je ne pense pas que ce soit celle de la décomposition, mais le sui generis du monstre... Tout aussi étrange est la densité de cette substance (...). Richter (...) dit à son tour : — Dans l'Ostrog, les gens des tribus shamanes découvrent parfois de pareils corps pris* *dans les glaces. Ils se gardent bien d'y toucher, mais (…) vont dresser leurs tentes aussi loin que possible du lieu de leur trouvaille qu'ils appellent, je ne sais pourquoi, la Chose qui Reste Terrible et ne Meurt Jamais.* » (**Visages et choses crépusculaires**, page 135).

CHAPITRE V : ANCIENS

Le moment est peut-être venu de répondre à la question posée au début de l'ouvrage : Cthulhu hante t-il la Mer du Nord, c'est-à-dire : les Grands Anciens sévissent-ils chez Jean Ray ? Pour plus de facilité, nous allons suivre la chronologie des volumes accessibles au lecteur français.

Tout commence avec **La croisière des ombres** (1932), et deux extraordinaires nouvelles sur le thème des dimensions parallèles. Dans **Le Psautier de Mayence**, des marins, égarés sur une mer inconnue, transportés à leur insu sur un autre monde, aperçoivent dans les profondeurs de ces eaux transparentes une colossale cité engloutie. R'lyeh ?, avait-on suggéré dans le chapitre I. Mais qui dit R'lyeh dit… Cthulhu !

« (…) *les formes d'une pieuvre, d'un dragon et d'une caricature humaine* (…). *Une tête molle, tentaculée, surmontait un corps grotesque et écailleux, équipé d'ailes rudimentaires.* » (**L'appel de Cthulhu**, dans **Lovecraft** tome 1, page 62). « (…) *Elle s'avança, pesante, et leur apparut au moment où Elle faisait glisser en tâtonnant Son immensité verte, gélatineuse, par l'ouverture noire, afin de gagner l'air pollué, sorti de cette cité de poison et de folie.* » (idem, page 85). « *Du fond de l'abîme, un de ces êtres venait de surgir avec une vélocité incroyable, en moins d'une seconde son ombre immense nous masqua la cité sous-marine ; (…) dans la clarté écarlate nous vîmes trois énormes tentacules, d'une hauteur de trois mâts superposés, battre hideusement l'espace et une formidable figure d'ombre piquée de deux yeux d'ambre liquide (…) nous jeter un regard effroyable.* » (**Le Psautier de Mayence**, dans **La croisière des ombres**, page 180). Bien sûr, la consultation de n'importe quel livre de zoologie prouve que posséder des tentacules ne fait pas d'un animal Cthulhu, me direz vous. Certes, mais combien de poulpes ou de calmars, géants ou non, habitent une cité engloutie ? Qui plus est située dans une autre dimension (ou sur le point d'ancrage entre notre dimension et celle des Grands Anciens) ? D'autres séquences du récit renvoient à des séquences similaires dans des récits lovecraftiens. « *L'homme poussa un hurlement singulier et la houle le ramena près du bord. (…) Le corps flottait à présent le long du bateau, le battant à petits coups sourds. Le grappin attrapa les vêtements, mordit et remonta sa proie (…). (…) Nous nous penchions sur la lamentable dépouille, mais aussitôt nous nous relevâmes en criant comme des possédés. Il y avait une défroque vide ; deux mains artificielles et une tête en cire y étaient attachées (…).* » (**La croisière des ombres**, pages 193-194). Cette séquence n'évoque-t-elle pas la célèbre séquence finale de The **Whisperer in Darkness** (1931) de H.P. Lovecraft ? « *Plût au ciel que j'aie silencieusement quitté la pièce avant de laisser la lumière se poser de nouveau sur le fauteuil vide. (…) je remarquai pour la première fois sur le siège certains objets qui étaient passés inaperçus dans les larges plis de la robe de chambre abandonnée. (…) Ces trois objets étaient dans leur genre d'une facture diablement habile, et pourvus d'ingénieuses agrafes métalliques destinées à les fixer à des structures organiques au sujet desquelles je n'ose formuler aucune hypothèse. (…) Car ce qu'il y avait dans ce fauteuil, parfaite imitation (…) — ou réalité — c'étaient le visage et les mains de Henry Wentworth Akeley.* » (**Celui qui chuchotait dans les ténèbres**, dans **Lovecraft** tome 1, pages 315-316). L'épilogue du **Psautier de Mayence** nous rappelle que les concepts chrétiens du Bien et du Mal se mêlent aux concepts cosmiques chez Jean Ray (alors qu'ils sont absents chez HPL) : « *Le tragique mannequin fut remis au révérend Leemans, un digne ecclésiastique qui a parcouru le monde et sait bien des secrets de la mer et des terres sauvages. Il examina longuement ces restes.*

— Qu'est-ce qu'il peut bien y avoir eu dedans, demanda Archie Reines, car enfin il y a eu quelque chose là-dedans, cela vivait. (…)
— Cela sent le poulpe, dit-il. Leemans le regarda fixement. — Au dernier jour de la création, dit-il, c'est de la mer que Dieu fera sortir la Bête d'Epouvante. Ne devançons pas la destinée par une recherche impie. » (**La croisière des ombres**, page 195). Et voilà comment le clergé a vite fait de tout ramener à l'Evangile, et de nier tout ce qui pourrait le contredire, en abrégeant toute conversation à risque. Une autre preuve, dans le Cycle de Cthulhu ? « *Avant l'homme il y avait*

*les hommes-serpents et avant eux il y avait les Grands Anciens (…) ;
ce sont eux qui créèrent l'humanité (…). Les Grands Anciens et les
shoggoths se cachent dans les entrailles de la terre et y resteront
jusqu'au jour où Dieu fera peut-être appel à eux, pour qu'ils soient Son
fouet, le jour de l'Armageddon… (…) Dieu a répondu à mes prières,
car Il vous a envoyés ici et vous avez tué le Serpent.* » (R.E. Howard,
Le temple de l'abomination, dans **Cormac Mac Art**, éditions NéO,
page 128).

Les êtres qui frappent Hambourg de terreur dans **La ruelle ténébreuse**
sont eux invisibles : « (…) *il suivait une ombre, une sorte de brouillard
noir, qui tuait les gens que lui (…) dévalisait ensuite. (…) il vit,
au clair de lune, le brouillard noir attendre, immobile (…). (…) Il
remarqua encore des formes vaporeuses, sombres et malhabiles qui
sautillaient (…), puis disparaissaient. (…) Il attendait chaque fois
le départ de l'ombre pour dépouiller les cadavres. (…) Comme il
dépouillait les deux corps, il vit avec effroi que le brouillard n'était
pas parti, mais s'était seulement élevé, et s'interposait entre lui et la
lune. Il vit alors qu'il avait une forme humaine, mais très grossière.*
» (**La ruelle ténébreuse**, dans **La croisière des ombres**, pages 143-
144). Jean Ray, avec ce texte, a trouvé son style, sa marque, que
l'on retrouvera sur tous ses chefs d'œuvre. Là où Lovecraft mettait
en scène l'indescriptible, des choses que l'esprit humain ne peut
concevoir, mais qui sont visibles, Jean Ray, lui, ne met pas en scène ; il
ne dit rien, il suggère, et le lecteur ne comprend pas plus que le héros,
ne voit pas plus. Le héros lovecraftien est un scientifique, et c'est la
connaissance de ce qui n'est pas concevable qui le perdra, lui faisant
perdre la raison. Le héros rayen est un homme fruste, qui ignore ce
qui l'entoure ; et généralement c'est cette ignorance qui le perdra,
car il ne saura pas réagir devant l'invisible. Peu de renseignements
dans **La ruelle ténébreuse** éclairent le lecteur ; tout juste sait-il qu'il
a affaire aux « impurs esprits de la nuit » (page 147). « *Jusqu'ici, (…),
je n'y étais allé qu'en plein jour, car, (…) sans trop savoir pourquoi,
j'y redoutais le soir et les ténèbres. Mais voici que je m'y suis attardé
(…). Il faisait de plus en plus sombre mais, (…) je pus voir… Il n'y
avait plus de muraille ! L'escalier finissait sur un gouffre creusé à
même dans la nuit et d'où montaient de vagues monstruosités. (…)*

seule, je l'ai bien compris, la nuit délivre leur effroyable puissance. » (**La croisière des ombres**, pages 141-145). Bien qu'il ne lui ait jamais consacré de récit, la correspondance de Lovecraft prouve qu'il existe un Grand Ancien incarnant les Ténèbres (lettre à J.F. Morton du 27 avril 1933). HPL ne le nomme pas (écrivant seulement Darkness, Ténèbres), mais la lettre indique bien qu'il n'est pas celui nommé parfois l'Habitant de l'Ombre, Nyarlathotep. Cet Ancien des Ténèbres est d'une grande puissance, seul Azathoth le surclasse. Peut-être est-ce lui qui est tapi dans le gouffre de la Ruelle Ténébreuse, tandis que ses mignons répandent la terreur dans notre dimension.

La présence horrifiante, tout en s'inscrivant dans la lignée des contes marins de Jean Ray publiés dans **Les contes du whisky** (1925), s'intègre tout aussi bien que les deux textes précédents au Cycle de Cthulhu : « *Ecoutez, derrière la puérile barrière de la vitre, (…) toute l'apothéose des bruits méchants de la tempête. Elle est accourue de loin, du fond des mers haineuses. Elle a dérobé aux rivages maudits, (…) les relents du mal noir et de la mort. (…) Je prétends que c'est souvent la tempête et la mauvaise nuit qui provoquent les événements redoutables. (…) ces nuits tourmentées créent une atmosphère sympathique aux fantômes, aux idées criminelles et aux entités des mondes damnés. (...) La porte claqua (…) et l'étranger entra dans un violent remous de vent, de pluie et de grêle tourbillonnante. (…) — Je fuyais la tempête (…). Mais elle courait plus vite que moi, me voici au milieu d'elle. Peut-être que la chose n'osera pas me relancer jusqu'ici. (…) Elle ! (...), la chose mauvaise qui court au milieu de la tourmente (…). (…) L'étranger écouta une minute le tumulte du dehors. (…) — Ce sont les coups d'ailes des choses qui volent, dit-il. Elles sont méchantes, mais elles ne s'obstinent pas (…). Mais les choses qui marchent sur la terre... »* (**La croisière des ombres**, pages 13-16). Cet extrait est significatif du style à ellipses de Jean Ray, totalement différent de celui, plus chargé, de Lovecraft. Et comme signalé précédemment, le fantastique rayen est essentiellement humain, à mille lieues du cosmique sans âme de HPL. Quels sont-ils, ces Esprits de la Tempête ? L'incarnation des cauchemars de l'homme (« *La chose existe t-elle ? Je le crois, mais qu'est-ce, je me le demande ? La folie sans doute, la hantise de la grande solitude (…).* », page 20), ou les Elementaires de l'Air du Cycle de Cthulhu ? Jean Ray signale deux êtres (deux espèces?) différents : les « *choses qui volent* » et « *les choses qui marchent sur la terre* ». Cela correspond parfaitement à l'idée que se fait August Derleth des Grands Anciens, des esprits élémentaires (« *Hastur. Mais les manifestations ne semblent pas non plus avoir été celles des créatures de l'air. Yog Sothoth. De la terre, certainement.* », **L'habitant de l'ombre**, dans **Lovecraft** tome 1, page 792). La « *chose mauvaise qui court au milieu de la tourmente* » pourrait être, dans ce cas, « *Ithaqua, que l'on appelle parfois Celui qui chevauche les Vents* » (A. Derleth, **Au-delà du seuil**, dans **Lovecraft** tome 1, page 773), ou peut-être « *Lloigor, qui file dans le vent parmi les espaces célestes* » (A. Derleth, **Le pacte des Sandwin**, dans **Lovecraft** tome 3, page 613), ou encore Zhar. Mais la Bibliothèque Interdite situe plutôt la sphère d'influence des deux derniers en Asie, tandis que le premier règne sur les régions du Nord, que ce soit de l'Amérique ou de l'Europe (donc pas si éloignées de « *la grande tourbière de l'Ouest. Est-ce le Danemark ? Est-ce l'Allemagne ?* », **La croisière des ombres**, page 16). Donc... Ithaqua !

Malheureusement, **La croisière des ombres** est un échec, et commence pour Jean Ray une traversée du désert de près de dix ans, qui se termine par la parution du **Grand Nocturne** (1942). Jean Ray persévère pourtant sur la même voie ; la preuve, il réutilise dans ce recueil les deux textes majeurs de **La croisière des ombres**. S'y ajoute un troisième chef d'œuvre, inédit, qui donne son titre au recueil. Ray y reprend, avec sa subtilité coutumière, le thème des dimensions étranges hantées par des êtres terribles. « *Les hommes (...) ne peuvent atteindre le plan où se meuvent les anges déchus et il est évident que, pour ces derniers, ils présentent si peu d'intérêt qu'ils ne se soucient pas de quitter leur séjour pour se mêler directement à notre vie. (...) Mais on doit admettre qu'il existe un plan intermédiaire qui est celui du Grand Nocturne. (...) cette créature, si créature elle était, serait une sorte de valet des Grandes Puissances des Ténèbres, délégué, pour d'obscures et coupables besognes, parmi les hommes.* » (**Le Grand Nocturne**, page 33). A la lecture de cet extrait, l'identité du Grand Nocturne ne fait aucun doute. « *(...) à une époque (...) reculée (...), les Anciens Dieux avaient maté la révolte des Grands*

Anciens et les avaient punis en les bannissant dans leurs domaines-prisons... (…) seul Nyarlathotep le Messager resta libre. Car dans leur sagesse et leur miséricorde infinies les Anciens Dieux avaient épargné le seul Nyarlathotep afin qu'il puisse (…) apporter à chacun dans la solitude de leur bannissement des nouvelles des autres forces du Mal évincées. » (B. Lumley, **Ceux qui se terrent dans les tréfonds**, dans **L'abominable Cthulhu**, éditions Fleuve Noir, pages 38-39).

La ressemblance entre Nyarlathotep et le Grand Nocturne se retrouve dans leur forme, que ce soit dans leur capacité à prendre visage humain (le Grand Nocturne prend l'identité de Hippolyte Base, et Nyarlathotep celle de Ambrose Dexter dans **The Shadow from the Steeple** de Robert Bloch), ou dans leur gigantesque et ténébreuse apparence cosmique : « *Il distingua une immense figure tournée vers lui, si grande que le plafond fut soulevé par elle et que son front s'entoura d'une parure d'étoiles. Elle était plus ténébreuse que la nuit même (…).* » (**Le Grand Nocturne**, pages 36-37). « *Elle était perdue dans les hauteurs, et pourtant elle devait bien faire une centaine de mètres de large. Une tête sans visage… une grande tête d'ébène (…). Là, penchait sur nous, (…) trônait le Puissant Messager, le chaos rampant issu du cœur des pyramides enténébrées.* » (J.G. Warner, **La crypte du titan**, dans **Le cycle de Nyarlathotep**, éditions Oriflam, page 136). Grand Nocturne ou Habitant de l'Ombre, il est… Nyarlathotep !

L'année 1943 est la grande année de Jean Ray : trois livres publiés, un recueil et deux romans. **Les cercles de l'épouvante** est un recueil de nouvelles sans lien entre elles, si ce n'est un prologue et un épilogue qui lui donnent son titre. **L'assiette de Moustiers** et **Le cimetière de Marlyweck**, deux textes sur le thème des autres dimensions, annoncent par leur côté délirant et irrationnel **Les derniers contes de Canterbury** ; c'est ce même côté qui les éloigne définitivement de la conception lovecraftienne des dimensions parallèles. C'est donc ailleurs qu'il faut rechercher les Grands Anciens, dans **L'auberge des spectres**. Il y est question d'une demeure hantée, et plusieurs détectives de l'occulte cherchent à savoir par quoi. « *Trois voyageurs y descendirent un soir. (…) des hindous (…). Deux d'entre eux occupèrent la chambre aujourd'hui condamnée (…). Le lendemain, on trouva les* *deux gentlemen assassinés* (…). (…) *Leur compagnon* (…), *avant de partir,* (…) *lança un anathème épouvantable sur la chambre du crime.* — *J'emprisonne dans cette chambre* (…), *une chose plus forte que la mort, déclara-t-il. Je conjure les hommes qui viendront sous ce toit de ne jamais lui rendre la liberté.* (…) *On a découvert depuis lors, dans la trace laissée, le pentagramme redoutable du roi Salomon* (…). » (**L'auberge des spectres**, dans **Le Grand Nocturne**, éditions Labor, page 296). Les instructions du mage ont été suivies à la lettre pendant sept ans, jusqu'à ce que les détectives, curieux, brisent le sceau. « *Les trois fugitifs venaient d'être soulevés du sol, saisis par une main invisible et monstrueuse et projetés à une hauteur fantastique.* (…) *Au loin, dans une gloire de poussière dorée, l'auberge se couchait comme un château de cartes qui se ploie avant de s'écrouler. Quaterfage et Casby se laissèrent rouler au bas de la colline, hurlant d'épouvante, se plongeant la face dans le sable pour ne pas voir la gigantesque et monstrueuse forme qui s'élevait au-dessus des décombres, noire comme l'Erèbe, croissant avec une vélocité effroyable et dont le front voilait le disque flamboyant du soleil de quatre heures.* » (pages 297-298).

L'auberge des spectres diffère profondément des précédents grands textes, beaucoup plus allusifs, de Ray (**La ruelle ténébreuse**, **Le Psautier de Mayence**, **Le Grand Nocturne**). Il est beaucoup plus lovecraftien dans sa mythologie, renonçant notamment à présenter la religion chrétienne comme toute puissante (et laissant de côté, par la même occasion, les concepts du Bien et du Mal). Un homme de clergé y tient pourtant un rôle essentiel, mais avoue son impuissance (« — *Je vous paie pour exorciser ma maison* (…). *Le clergyman poussa un gémissement.* — *Exorciser… Le terme est bien impropre,* (…) *mais je suis presque contraint de l'admettre, n'en connaissant pas qui soit plus proche de la vérité des choses.* (…) *Avez-vous une idée de ce que ça pourrait être ? Le clergyman eut un geste d'effroi.* — *Grand Dieu ! Non… et je préfère ne rien imaginer.* », page 295). Le Signe de Salomon est connu pour son pouvoir d'emprisonner les démons. C'est vraisemblablement également un des talismans efficaces contre les Grands Anciens. (« *Le roi Salomon avait effectivement chassé les démons vers l'Ouest et les avait enfermés en des lieux étranges.*

Pourquoi les avait-il laissés en vie ? La magie humaine était-elle trop faible en ces jours nébuleux… pouvait-elle seulement asservir les démons ? », R.E. Howard, **Des bruits de pas à l'intérieur !**, dans **Le retour de Kane**, éditions NéO, page 127). Robert E. Howard toujours : la séquence finale de **L'auberge des spectres**, reprise plus haut, est similaire à une autre séquence finale, d'un texte situé en marge du Cycle de Cthulhu : « *Les flammes avaient enveloppé la maison avec une rapidité épouvantable. (…) Et, au-dessus de l'holocauste, volait une gigantesque ombre noire, ressemblant à une monstrueuse chauve-souris. Dans sa griffe noire pendait mollement une petite chose blanche, ressemblant au corps d'un homme. Alors même que nous poussions des cris horrifiés, elle disparut et nos regards sidérés rencontrèrent seulement les murs frémissants et le toit embrasé. Puis la vieille demeure s'effondra au milieu des flammes (…).* » (R.E. Howard, **Ne me creusez pas de tombe**, dans **L'Homme Noir**, éditions NéO, pages 246-247).

Nous avons déjà parlé du **Miroir noir**, qui introduisait la Bibliothèque Interdite dans l'œuvre de Jean Ray. Le miroir en question, appartenant au sorcier John Dee, serait une porte sur ailleurs ; mais il y a aussi quelque chose « *qui habite le miroir* » (**Le Grand Nocturne**, page 317). Pas un Grand Ancien, à moins que l'on ne considère la Mort comme l'un d'eux. Mais la Mort est aussi vieille que toute chose vivante ; elle apparut forcément en même temps que la Vie, qu'elle soit née du Dieu chrétien, ou des premiers Grands Anciens, Azathoth et Ubbo Sathla. La Faucheuse, cette représentation anthropomorphe ultra-classique de la Mort, est revenue régulièrement hanter les récits de Jean Ray : **Le dernier voyageur** (1929), **Qui ?** (1964**), Drummer-Hinger**, et **La vérité sur l'oncle Timotheus** (1944), où la Mort, ayant pris identité humaine, se cache et vit parmi nous. Sa fonction est présentée à la manière d'une charge administrative, ce qui n'est pas si étonnant chez l'auteur, qui a également fait subir ce type de traitement au Diable (**Bonjour, Mr Jones !**, 1959) et à l'Enfer (**Passez à la caisse !**, 1958). Mais nous nous éloignons de notre sujet.

C'est aussi en 1943 que paraît le chef d'œuvre incontesté de Jean Ray, **Malpertuis**. Comme souvent chez l'auteur, la demeure y tient un rôle essentiel, elle a même le rôle principal dans le cas présent. Le jeune et naïf héros y partage la vie de bien étranges personnages, et les événements bizarres s'y succèdent dans un infernal crescendo, jusqu'aux morts violentes et surnaturelles, dans le plus profond mystère. Un ecclésiastique mourant lèvera un pan du voile, et contera comment un sorcier emprisonna des dieux dans sa demeure : « *Cassave a promulgué une loi qu'il entendait exploiter à son terrible profit : les hommes ont fait les dieux, du moins ils ont contribué à leur perfection et à leur puissance. (…) Les dieux meurent... Quelque part dans l'Espace, flottent des cadavres inouïs... Quelque part dans cet Espace, des agonies monstrueuses s'achèvent lentement au long des siècles et des millénaires. (…) Ne cherchez pas les cadavres de l'Olympe, a décrété Cassave, mais relevez les blessés. J'en ferai quelque chose ! (…) Ils flottaient dans l'air. D'aucuns étaient morts et s'en allaient par lambeaux de nuées. (…) D'autres palpitaient toujours d'un restant de vie, celle que leur prêtaient encore, comme l'affirmait Cassave, des croyances obscurément enracinées dans quelques cœurs humains. (…) Grâce à l'épouvante, plus vivace au cœur des hommes que la foi, les puissances des ténèbres survécurent plus nombreuses.* » (**Malpertuis**, Marabout, pages 211-214). Ces Anciens Dieux, qui sont ceux de l'antiquité, auraient pu être les Grands Anciens lovecraftiens, les points communs sont nombreux, notamment leur nature matérielle qui les soumet à certaines limites, également évoquées dans **La vérité sur l'oncle Timotheus** (« — *Et Dieu ? Il a répondu doucement : — Il faut dire les dieux, car ils sont nombreux. Ils meurent, car ils ont le Temps contre eux.* », **Le livre des fantômes**, page 127). Mais les Anciens Dieux de l'antiquité ne sont pas absents du Cycle de Cthulhu : « *Ce culte, dirigé par les archi-hiérophantes de Bubastis, Anubis et Sebek imaginait ces dieux comme les représentants des Etres Cachés, de monstrueux hommes-bêtes qui parcouraient pesamment la Terre à ses premiers jours. Ils adoraient l'Ancien, qui est connu dans les mythes sous le nom de Nyarlathotep, le Messager.* » (R. Bloch, **Le temple du Pharaon Noir**, dans **Les Mystères du Ver**, éditions Oriflam, page 162). Les dieux de l'Egypte antique sont donc au service du Messager des Grands Anciens, alors pourquoi pas ceux de l'Olympe ? Plus tard, les dieux antiques fouleront encore la Terre moderne des récits de Jean Ray (**Hécate** et **M. Ram**,

1964). Mais une nouvelle fois avec **Malpertuis**, Jean Ray diffère de Lovecraft en insistant sur la suprématie du Bien chrétien sur les Anciens Dieux : « *Elles avançaient en rangs serrés, (…) brandissant des croix de bois (…). — Noël ! Noël ! Alors une voix puissante de commandement s'éleva de nouveau : — Place au vrai Dieu ! Arrière les fantômes de l'enfer! (…) Quelque part dans un espace irréel, je vis d'énormes et de repoussantes choses mortes fuir comme des nefs sous la tourmente.* » (pages 136-137). « *— Eisengott ! Eisengott est Zeus ! Le dieu des dieux ! (…) Eisengott m'a dit : — Je ne fus jamais le captif de Cassave (…). J'ai volontairement suivi l'affreux exil de mes lamentables amis. — Ainsi, lui ai-je demandé en tremblant, il vous reste donc, ô créature redoutable, quelque puissance ? — Peut-être… Celle que me prête encore, par pitié, l'immense Dieu que vous servez, dom Misseron !* » (pages 229-235). En revanche, l'adaptation cinématographique signée Harry Kümel (1972) aborde la séquence selon un point de vue totalement opposé : le prêtre tente de stopper les Anciens Dieux en brandissant un crucifix, mais lui et sa croix sont réduits en cendres par le seigneur des Enfers de l'Olympe.

Les derniers contes de Canterbury (1944) est un recueil de nouvelles reliées arbitrairement par des textes de liaison situant l'action dans une auberge hors du temps où les fantômes des personnages de Chaucer, mais aussi de Hoffman et de Shakespeare, content des histoires ahurissantes (les nouvelles du recueil). Deux d'entre elles entrent dans le cadre de ce dossier, **La terreur rose** et **Le Uhu**. « *D'une main sûre, il jeta le filin. Je vis un large carré d'étoffe noire voltiger dans l'air et disparaître dans la profondeur. Alors… Je crois bien que le sol trembla, car je fus jeté face contre terre. Quand je levai les yeux, (…) quelque chose avait changé dans l'aspect lointain de la carrière. Un cône gigantesque d'un rose éblouissant montait de son centre, forme massive qu'on aurait pu prendre pour un volcan (…). Mais cette forme était agitée d'une vie monstrueuse ; bien vaguement, il est vrai, je crus y distinguer d'abominables apparences humaines, et cela grandit, monta vers le ciel.* » (**La terreur rose**, dans **Les derniers contes de Canterbury**, éditions NéO, page 124). Avec ce texte, Jean Ray retrouve la dimension cosmique qui baignait **Le Psautier de Mayence**, la même dimension cosmique si fréquente chez HPL mais plus rare chez l'écrivain belge qui, pour l'occasion, laisse de côté les motifs chrétiens pour d'autres relevant de la science-fiction. Et une nouvelle fois, l'épilogue est étrangement semblable à celui d'une nouvelle de Lovecraft. Cela commence par le sort du malheureux pêcheur, à la suite de l'apparition du cône rose : « *Tartlet s'était mis à grandir également. Il devenait gigantesque ; sa tête heurta un nuage (…), mais au fur et à mesure de cette infernale croissance, son corps devenait brumeux, vaporeux (…). — (…) un grand nuage cosmique fut visible dans le champ de la constellation du Sagittaire. Nous l'avons photographié à plusieurs reprises et avons constaté (…) qu'il avait une forme vaguement humaine. A ce moment, Hopps, de Mount Wilson, observait une nova parue dans le champ de cette même constellation, et il remarqua que le nuage se dirigeait vers elle avec une vélocité inouïe. (…) Hopps estima qu'une nouvelle galaxie naissait dans cette région désolée de l'espace céleste. (…) En supposant qu'un homme soit désintégré (…) en énergie pure, dont peut-être certains nuages cosmiques sont composés, il prendrait presque forme d'univers dans l'espace. Ainsi, peut-être, l'Intelligence Suprême en a t-elle agi avec les Grands Révoltés de Sa première création...* » (**La terreur rose**, dans **Les derniers contes de Canterbury**, pages 124-127). Jamais Jean Ray n'aura été aussi proche des Grands Anciens de son « collègue » américain qu'avec ces « Grands Révoltés de Sa première création ». Dans **Le Grand Nocturne**, il les baptisait les Anges Déchus et le Grand Nocturne (Nyarlathotep) était leur Messager. Voici maintenant le même épilogue selon Howard Phillips Lovecraft : « *Des allusions de Slater à leurs relations, je conclus que lui et la chose lumineuse s'étaient rencontrés sur un pied d'égalité ; que dans son existence onirique, l'homme était lui-même une chose lumineuse de la même race que son ennemi. Cette impression était confirmée par ses fréquentes mentions de vol à travers l'espace (...). A ce moment, les ondes de pensée cessèrent brusquement, et les yeux clairs du rêveur — ou dois-je dire du mort ? — commencèrent à devenir vitreux. (…) je ne puis oublier ce que j'ai vu dans le ciel la nuit qui suivit la mort de Slater. (…) une nouvelle étoile remarquable a été découverte par le Dr Anderson d'Edinburgh, à peu de distance d'Algol. Aucune étoile n'avait été observée à cet endroit auparavant. En vingt quatre heures la nouvelle venue était devenue si brillante qu'elle éclipsait Capella.* »

(**Par delà le mur du sommeil**, dans **Lovecraft** tome 2, pages 21-25).

Le Uhu nous ramène sur « *la grande tourbière de l'Ouest* » évoquée dans **La présence horrifiante**, où une chose « *court au milieu de la tourmente* ». Les marins superstitieux craignent un être qu'ils nomment le Uhu, surtout les nuits de tempête (« (…) — *je voudrais qu'on me parle du Uhu. — Damnation ! (…) Parler de cela cette nuit ! — Cette nuit entre toutes les nuits ! J'entendis alors les gifles du vent contre le torchis des murs (…). — (…) la tempête qui se lève, fit un autre.* », **Les derniers contes de Canterbury,** page 132). L'apparition du Uhu confirme la théorie avancée à propos de **La présence horrifiante** quant à l'identité de l'anonyme Esprit de la Tempête. « *C'était le rythme d'un pas, mais d'un pas d'une monstruosité sans pareille, la marche d'un être inouï dont le front devait frôler les étoiles. (…) Là-bas s'enfonçait dans l'horizon, qu'il occupait tout entier, un masque formidable… Deux yeux fixes regardaient au ras de la lande, comme un rôdeur de cauchemar guette sur la ligne de faîte d'un mur…* » (**Le Uhu**, dans **Les derniers contes de Canterbury**, pages 135-137). « *C'était la silhouette de quelque grande bête, une horrible caricature humaine, qui se dressait jusqu'à un semblant de tête, très haut dans les cieux, et là où auraient dû se trouver des yeux, on ne voyait que deux étoiles qui brillaient d'un intense feu carmin ! — Mais étaient- ce bien des étoiles ? Au même instant, un bruit de pas qui approchaient résonna au point que la maison frémit et trembla sous leurs vibrations, que la fureur démoniaque du vent s'éleva jusqu'à des hauteurs indescriptibles (…).* » (A. Derleth, **Au-delà du seuil**, dans **Lovecraft** tome 1, page 778). Ithaqua !

Nous voici arrivés au **Livre des fantômes** (1947), dernier recueil de Jean Ray paru de son vivant (suivi une seconde traversée du désert jusqu'à la parution d'une anthologie chez Marabout en 1961). Plusieurs textes nous intéressent dans l'optique de notre dossier : **Maison à vendre** (et sa Bibliothèque Interdite), **La choucroute** (histoire de monde intercalaire), **L'histoire de Marshal Grove, La vérité sur l'oncle Timotheus** (pour sa mention des dieux multiples et mortels), **Le cousin Passeroux** (allusion à des sauvages aux mains palmées adorant des dieux marins)… et deux textes liés plus explicitement au thème des Grands Anciens. Tout d'abord, **M. Wohlmut et Franz Benschneider** est une nouvelle histoire de monde intercalaire. Un professeur a un aperçu accidentel d'une autre dimension à travers un verre de substance inconnue ; il y perdra la vie, entraîné dans le monde intercalaire par ses monstrueux habitants. Il s'agit d'une courte nouvelle, et peu de renseignements nous sont donnés sur ces êtres. « *Alors que, devant moi, je ne voyais qu'un épais brouillard vert (…), derrière moi (...), s'incurvait une immense falaise d'une hauteur vertigineuse et d'un noir profond, quelque peu effrayant. Au loin, vers l'horizon, s'étalait une grande étendue d'eau sombre sans mouvement, ni remous. (…) mes regards, quittant la falaise, glissèrent le long de la lointaine rive du lac silencieux. Une forme immense, imprécise encore, y avançait dans une brusque et malhabile reptation. (…) je sentis sa monstruosité, sa hideur, avant de la voir.* » (**Le livre des fantômes**, pages 59-60). Contentons- nous de suppositions tout à fait gratuites. Le lac de Hali ? « *(…) le brouillard laiteux déferlait comme les vagues de l'océan (…). Non, pas une mer. Un lac. (…) un lac aux sombres profondeurs opaques, immobile, sans le moindre friselis à sa surface (…). A présent, je reconnaissais ce lieu ! (…) Je songeai à Dehme et à Hali, et je compris que c'était ce dernier (…). Il me semblait entendre les chants de la voix morte de Cassilda, en sachant que ce n'étaient que les ululements spectraux (…) d'autre chose ! Je sentais l'approche redoutée du Roi en Jaune (…). Puis vint l'horreur réelle, ce que j'avais le plus craint. Du fond de ce lac acide (…), surgissait un immense tentacule (…). Hastur s'était soulevé au fond de sa prison du lac de Hali (…).* » (B. Lumley, **La transition de Titus Crow**, dans **L'abominable Cthulhu**, éditions Fleuve Noir, pages 406-408). Dans les deux cas, il s'agit d'un lac sombre, calme et embrumé d'une autre dimension. Aucun doute, Jean Ray décrit le lac de Hali, antérieur au Cycle de Cthulhu puisque emprunté par H.P. Lovecraft, August Derleth et Brian Lumley à Robert W. Chambers, le lac de Hali, demeure d'un Grand Ancien… Hastur !

Ronde de nuit à Kœnigstein est essentiel car Jean Ray y définit la nature de ses propres Grands Anciens, suivant la voie amorcée dans **Le Grand Nocturne** et **La terreur rose** : en mêlant le thème scientifique des entités extra-terrestres à la Lovecraft (**Les étranges**

études du **Dr Paukenschläger**, **Le Psautier de Mayence**, **La terreur rose**, **M. Wohlmut et Franz Benschneider**) et le thème religieux des puissances démoniaques (**Le Grand Nocturne**, **L'auberge des spectres**, **Malpertuis**), il crée sa propre mythologie, où les Anges, déchus ou non, sont au delà du Bien et du Mal, et il invente son propre **Necronomicon** renfermant les secrets de cet univers : l'**Heptameron Magique**. « — *C'est vraiment par hasard, Herr Dunkelwitz, dit-il, que j'ai ouvert le livre interdit qui a nom l'Heptameron Magique et dont la lecture est redoutable aux esprits non avertis. Maguth s'y trouve mentionné parmi les Anges de la Conjuration du Jeudi, dits Anges de l'Air, qui ne se trouvent pas au delà du cinquième ciel. Des démonographes, et non des moindres, entre autres Stein, tout en ne le rangeant pas parmi les esprits déchus, le disent terrible et aussi bien familier de l'Enfer, et de la Terre que des premiers jours célestes. — Par conséquent un démon (…). — Cela, on ne pourrait pas l'affirmer sans verser dans une erreur dangereuse, mais je me hâte d'ajouter qu'il est peut-être plus terrible qu'un pur esprit infernal.* » (**Ronde de nuit à Kœnigstein**, dans **Le livre des fantômes**, page 132). Difficile d'y trouver une correspondance lovecraftienne ; comme Lovecraft, Jean Ray a trouvé son panthéon personnel. Ses Anges plus terribles que des Démons, ne pratiquant ni le Bien ni le Mal, semblent néanmoins plus proches des Grands Anciens de l'écrivain de Providence que des anges de la Bible ; et l'expression « *Anges de l'Air* » rappelle énormément les Elémentaires de l'Air du Cycle de Cthulhu.

Un dernier volume signé Jean Ray paraît, également en 1947 : **La gerbe noire**. Mais il s'agit d'une anthologie, dirigée par Ray. L'écrivain s'y intéresse au fantastique tout en nuances qui est aussi sa marque, et propose des textes de grands auteurs qui l'ont influencé : Ambrose Bierce (qui influença aussi HPL), Henri Heine, Erckmann- Chatrian, Maurice Renard. Ray y présente également sa nouvelle la plus célèbre, **La ruelle ténébreuse**, ainsi qu'un récit de son ami et « rival » Thomas Owen, qui a aussi choisi le thème des mondes intercalaires (**15.12.18**). Mais, curieusement, figurent au sommaire de l'anthologie des noms inconnus : Thomas Ingolsby, Catherine Crowe, Alice Sauton, Gustave Vigoureux, Alphonse Denouwe. Quoi d'étonnant, puisque ce sont sans doute, pour la plupart, des pseudonymes de Ray (lire à ce propos les préfaces à **La gerbe noire**, NéO, par François Truchaud, et aux

Joyeux contes d'Ingolsby, Lefrancq, par Henri Vernes). **Iblis, ou la rencontre avec le mauvais ange**, signé Sauton, ne laisse planer aucun doute puisqu'il utilise la mythologie rayenne nouvellement créée en introduisant « *Iblis, né d'un des quatre éléments, (qui) échappait à la précision du catalogue démonologique. Ni ange, ni démon, entité redoutable pourtant, il hantait les songes des visionnaires qui lui voyaient une aile blanche et radieuse comme la neige des hautes cimes et une autre noire comme la profondeur des gouffres.* » (**La gerbe noire**, éditions NéO, page 201).

En 1961, sur les conseils de Henri Vernes (le créateur de Bob Morane, célèbre héros pour la jeunesse), les éditions Gérard (plus connues sous le nom de Marabout) publient un recueil d'**Histoires noires et fantastiques** de Jean Ray, qui sera le point de départ de l'extraordinaire collection Marabout Fantastique (voir Annexe III) ; le sommet de la collection est la réédition des livres de Jean Ray, enfin accessibles auprès d'un large public ; mais aussi deux recueils inédits de cet auteur, parus peu après sa mort, en 1964. Parmi les textes généralement mineurs qui composent **Le carrousel des maléfices, La Conjuration du Lundi** est le troisième des récits de Jean Ray à définir son Panthéon. Nous y apprenons que ses Anges très particuliers ont, comme les Grands Anciens, le pouvoir de manœuvrer les rêves des humains (« *Un de ces songes insolites, surtout, lui causait une épouvante sans bornes : un petit homme s'approchait de lui le couvant de regards affreux, ses mains énormes s'agitant dans l'espace. Sa silhouette trapue et difforme se profilait sur un décor incertain, baignant dans un horrible clair de lune.* », **La Conjuration du Lundi**, dans **Le carrousel des maléfices**, éditions NéO, page 159 ; « — *(…) un autre (…) admet l'existence d'êtres de l'hyperespace, que nous ne pouvons nous représenter (…). (…) un de leurs moyens de défense serait pour le moins original: le rêve. (…) — Alors, la quatrième dimension dans le rêve ?* », **Le Tessaract**, dans **Le carrousel des maléfices**, page 123). Le **Heptameron Magique** permet au rêveur une conjuration qui devrait lui révéler l'identité de son persécuteur surnaturel ayant pris forme humaine. « — *Je te conjure et confirme sur vous, Anges... Des formes s'agitèrent dans les ténèbres ; Bannion savait qu'elles le déchireraient s'il se hasardait hors du cercle magique. Il crut voir un* *grand manteau vert et argenté, un animal aux multiples pieds, un bras armé d'un arc et d'une flèche. C'étaient là les formes particulières des esprits impurs du Jour faste de la Lune.* » (**La Conjuration du Lundi**, dans **Le carrousel des maléfices**, pages 160-161). Le lecteur de **Ronde de nuit à Kœnigstein** a identifié le « manteau vert et argenté » : Maguth. D'autres sont nommés dans **La Conjuration du Lundi** : « *Arcan et Gabriel, les esprits les plus terribles du Lundi ! Gabriel, Ange du Jour de la Lune ! Arcan, Ange de l'Air et roy !* » (page 157).

Les contes noirs du golf est un autre recueil de contes fantastiques mineurs, tous autour du thème du golf. Une quatrième édition de ce recueil est parue en 1996 chez Claude Lefrancq, avec quelques inédits dont **Le cas de Lady Stillington, ou l'histoire d'un sortilège** ; texte tout aussi mineur que les autres, mais qui continue l'exploration du panthéon rayen. Deux nouveaux Anges font leur apparition, et il est dit à leur propos dans le **Heptameron Magique** : « *Les douze heures du jour ont chacune leur Ange. Mais par la puissance du nombre divin sept, (...) il se trouve que la quatorzième et vingt et unième heure ont leur Ange particulier : ils sont tous les deux néfastes et bien moins anges que démons. Celui de l'heure quatorzième se nomme Jayon, et sa forme particulière est un petit enfant. Celui de l'heure vingt et unième se nomme Natalon, et sa forme particulière est une flèche. Tous deux sont des Esprits de la Terre et on parvient à les chasser en les appelant par leur nom.* » (**Les contes noirs du golf**, Claude Lefrancq Editeur, page 227).

En 1982, prenant la suite des éditions Gérard (Marabout, 1961-77) et de la Librairie des Champs Elysées (Le Masque, 1978-80), les Nouvelles Editions Oswald (NéO) entreprennent de rééditer l'œuvre de Jean Ray et démarrent par un inédit, **Visages et choses crépusculaires**. Le morceau de choix du recueil est le roman inachevé **Saint- Judas-de-la-Nuit**, l'ultime œuvre de Ray, dont les rares pages donnent à penser que le récit aurait été du niveau de **Malpertuis** ; en tout cas, le sommet de son œuvre consacrée au Panthéon des Anges. Un **Prélude à Saint-Judas-de-la-Nuit**, également publié dans le recueil, sorte d'ébauche et de plan, cite le nom d'« *Iblis, l'esprit glorieux mais déchu, qui aimait Jésus et fut aimé de Lui, qui avait une aile blanche comme le* jour et l'autre noire comme la nuit, Iblis, qui ne pouvait faire le mal ni le bien » (**Prélude à Saint-Judas-de-la-Nuit**, dans **Visages et choses crépusculaires**, éditions NéO, page 202) ; Iblis, que Jean Ray avait déjà mis en scène dans l'anthologie **La gerbe noire**, sous la signature Alice Sauton.

Il fallut plus longtemps à John Flanders pour connaître une édition qui le rende accessible auprès du grand public français ; et ce fut **Contes d'horreur et d'aventures** (1972), un gros recueil publié par l'Union Générale d'Edition (10/18). Nous y trouvons l'essentiel des contes de Flanders, dont beaucoup seront repris aux éditions NéO dans les années 80. Deux textes mettent en scène les Grands Anciens de Jean Ray première manière, avant la création des Anges. Tout d'abord, le curieux **Monstre des abîmes** : « — *Zeus ou... Poséidon ? — Peut-être bien Poséidon, qui sait ? (...) C'est peut-être (...) l'un des plus grands, sinon l'un des plus terribles secrets de la Création. (...) Un jour, nous étions réunis dans l'agréable chambre des microscopes. (...) Laub examinait un verre gradué (...). (...) — Je n'y comprends rien. (...) hier, j'ai soigneusement examiné cette eau au microscope, et j'y ai observé un assez grand nombre de microbes (...) : et maintenant... (...) Toutes ces petites cellules vivantes ont disparu, excepté quelques amibes qui font partie des microbes primaires les plus stupides qui soient ! (...) regardez ! (...) Grossie trois mille fois, une amibe tournait en rond (...). — Disparue ! (...) — On dirait (...) que l'amibe est attaquée par un ennemi invisible... Madre ! Voyez-moi ça ! (...) je l'ai vue, cette chose (...) : une sorte de petite queue smaragdine, dont l'une des extrémités affectait la forme ronde d'une tête d'homme... Lorsque la chose atteignit le centre du champ de vision microscopique, je distinguai nettement les terribles traits de ce visage humain. Un visage de vieillard aux yeux froids et menaçants, mais intelligents ; des yeux qui semblaient guetter quelque proie d'un air cruel.* » (**Le monstre des abîmes**, dans **Contes d'horreur et d'aventures**, 10/18, pages 101- 104). Cet étonnant court récit, en mêlant légendes de l'antiquité et sciences zoologiques, se rapproche du thème lovecraftien des Grands Anciens. Et si Poséidon, le dieu marin de l'Olympe, était enfant d'Ubbo Sathla, l'Amibe Primordiale ?

Le visage du Pôle nous permet de retrouver une « vieille connaissance » : « *— Là... là... le dieu du Pôle ! Un visage terrible entre tous, haut comme une montagne et d'une couleur verte intense, montait derrière une lointaine dune de neige et envahissait lentement tout le ciel. (...) le monstrueux visage semblait les suivre de son regard cruel. Soudain un gigantesque et étincelant tentacule jaillit de la dune (...).* » (**Le visage du Pôle**, dans **Contes d'horreur et d'aventures**, page 108). Facile d'identifier le « *dieu du Pôle* »... Ithaqua !

En conclusion, à la question : Cthulhu et les Grands Anciens hantent-ils l'univers fantastique de Jean Ray ?, ce chapitre a répondu : définitivement oui. Une première période dans la carrière du grand écrivain belge (de 1925 à 1947) permet d'identifier Ithaqua, Cthulhu, Nyarlathotep, Hastur, et l'Ancien des Ténèbres qu'un disciple de Jean Ray (et de Howard P. Lovecraft !) nommera plus tard (cf. Annexe II). La seconde période de Jean Ray (1947-64), tout en s'éloignant de Lovecraft, nous vaut la création des Anges, proches cousins des Grands Anciens.

ANNEXE I : BIBLIOGRAPHIE
DES GRANDS ANCIENS DE JEAN RAY

Nyarlathotep

Le Grand Nocturne : **Le Grand Nocturne**, Les Auteurs Associés, 1942, rééditions : **Œuvres complètes** tome 2, Robert Laffont, 1964, **Le Grand Nocturne**, Le Masque, 1979, Labor, 1984, **Histoires noires et fantastiques**, Fleuve Noir, 1993.

Cthulhu

Le Psautier de Mayence : **La Revue Belge**, juin 1931 ; **La croisière des ombres**, Editions de Belgique, 1932, rééditions : **Œuvres complètes** tome 2, Robert Laffont, 1964, **Les contes du whisky**, Marabout, 1966, **La croisière des ombres**, NéO, 1984.

Hastur

M. Wohlmut et Franz Benschneider : **Le livre des fantômes**, La Sixaine, 1947, rééditions : **Œuvres complètes** tome 1, Robert Laffont, 1963, **Le livre des fantômes**, Marabout, 1966, Le Masque, 1979, NéO, 1985, **Histoires noires et fantastiques**, Fleuve Noir, 1993, **Le livre des fantômes**, Lefrancq, 1997.

Ithaqua

Le Uhu : **L'Ami du Livre**, février 1925 ; **Les derniers contes de Canterbury**, Les Auteurs Associés, 1944, rééditions : Marabout, 1963, **Œuvres complètes** tome 3, Robert Laffont, 1964, **Les derniers contes de Canterbury**, Le Masque, 1979, NéO, 1985.

La présence horrifiante : **La croisière des ombres**, Editions de Belgique, 1932, et rééditions.

Le visage du Pôle : **Contes d'horreur et d'aventures**, 10/18, 1972 ;
Visions infernales, NéO, 1984.

D'autres Grands Anciens

Le dernier voyageur : **La Revue Belge**, mai 1929 ; **La croisière des
ombres**, Editions de Belgique, 1932, et rééditions.

La ruelle ténébreuse : **La croisière des ombres**, Editions de Belgique,
1932, et rééditions.

L'auberge des spectres : **Les cercles de l'épouvante**, Les Auteurs
Associés, 1943, rééditions : **Œuvres complètes** tome 1, Robert
Laffont, 1963, **Les cercles de l'épouvante**, Le Masque, 1978, Le
Grand Nocturne, Labor, 1984, **Histoires noires et fantastiques**,
Fleuve Noir, 1993.

Le miroir noir : **Les cercles de l'épouvante**, Les Auteurs Associés,
1943, et rééditions.

La terreur rose : **Les derniers contes de Canterbury**, Les Auteurs
Associés, 1944, et rééditions.

La vérité sur l'oncle Timotheus : **Cassandre**, avril 1944 ; **Le livre
des fantômes**, La Sixaine, 1947, et rééditions.

Het Vervloekte Land (Le pays maudit) : **Vlaamse Filmkens** n° 42,
1931 ; traduction française : **Ides et autres** n° 45, Recto-Verso, 1984.

Het Infusie Monster (Le monstre des abîmes) : **Vierde Dimensie**,
Vlaamse Pockets, 1969 ; traductions françaises : **La griffe du diable**,
Atlanta, 1966 ; **Contes d'horreur et d'aventures**, 10/18, 1972 ;
Visions infernales, NéO, 1984.

Drummer Hinger (Drummer Hinger) : traductions françaises :
Le carrousel du suspense, Beckers, 1970 ; **Contes d'horreur et
d'aventures**, 10/18, 1972 ; **Visions infernales**, NéO, 1984.

Les Dieux antiques

Malpertuis : **Malpertuis**, Les Auteurs Associés, 1943, rééditions : Denoël, 1955, Marabout, 1962, **Œuvres complètes** tome 3, Robert Laffont, 1964, **Malpertuis**, Le Masque, 1978, J'Ai Lu, 1984.

Je cherche Herr Hazenfraz ! : **Les derniers contes de Canterbury**, Les Auteurs Associés, 1944, et rééditions.

Hécate : **Les contes noirs du golf**, Marabout, 1964, rééditions : Le Masque, 1978, NéO, 1986, Lefrancq, 1996.

M. Ram : **Les contes noirs du golf**, Marabout, 1964, et rééditions.

Ceux des Profondeurs

Entre deux verres : **L'Ami du Livre**, avril 1924 ; **Les contes du whisky**, La Renaissance du Livre, 1925, rééditions : **Œuvres complètes** tome 2, Robert Laffont, 1964, **Les contes du whisky**, Marabout, 1966, Le Masque, 1980, NéO, 1985, Lefrancq, 1996.

L'homme qui osa : **Les cercles de l'épouvante**, Les Auteurs Associés, 1943, et rééditions.

Le cousin Passeroux : **Le livre des fantômes**, La Sixaine, 1947, et rééditions.

Les vampires inter-dimensionnels (tels les « Chiens de Tindalos » de F.B. Long et le « Rôdeur des Etoiles » de R. Bloch)

Les étranges études du Dr Paukenschläger : **Le Journal de Gand**, janvier 1923 ; **Les contes du whisky**, La Renaissance du Livre, 1925, et rééditions.

La trouvaille de M. Sweetpipe : **La Revue Belge**, février 1935 ; **Contes d'horreur et d'aventures**, 10/18, 1972 ; **Visages et choses crépusculaires**, NéO, 1982.

Autres creatures

La Bête Blanche : **Le Journal de Gand**, mars 1921 ; **Les contes du whisky**, La Renaissance du Livre, 1925, et rééditions.

Dans les marais du Fenn : **L'Ami du Livre**, novembre 1923 ; **Les contes du whisky**, La Renaissance du Livre, 1925, et rééditions.

Le bout de la rue : **La croisière des ombres**, Editions de Belgique, 1932, et rééditions.

Merry-Go-Round: Les cahiers de la Biloque n°6, 1956; Histoires noires et fantastiques, Marabout, 1961; Visage et chose crépusculaires, NéO, 1982

Les anges élémentaires

Ronde de nuit à Koenigsten: **Le livre des fantômes**, La sixaine, 1947, et rééditions.

Ibis, ou la rencontre avec le mauvais ange: **La grebe noire**, la Sixaine, 1947 réédition: NéO, 1984.

La Conjuration du Lundi: **Les Cahier de la Biloque** n°4, 1952; **Le carrousel des maléfices**, Marabout,1964, rééditions: Le Masque, 1978, NéO, 1985.

Prélude à Saint-Judas-de-la-Nuit: **Les Cahier de la Biloque** n°6, 1960; **Visage et chose crépusculaires**, NéO, 1982.

Saint-Judas-de-la-Nuit: **Oeuvres completes** tome 2, Robert Laffont, 1964; **Le livre des fantômes**, Marabou, 1966; **Visage et choses crépusculaires**, NéO, 1982.

Le cas de Lady Stillington: **Les contes noirs du golf**, Lefrancq, 1996.

De Geheimzinnigeregenman (Le mystérieux homme de la pluie): traduction française: **Le monster de Borough**, 10/18, 1974.

ANNEXE II : LA DESCENDANCE LITTÉRAIRE DU « COUPLE » LOVECRAFT/JEAN RAY

« Alors que les auteurs américains (…) se réfèrent (…) à Lovecraft, les écrivains français ou belges (…) subissent une double influence, celle de l'Américain, et celle de Jean Ray. » (**Guide du Mythe de Cthulhu**, op.cit., pages 112-113).

Au vu de la bibliographie francophone du Mythe de Cthulhu, il convient de relativiser cette affirmation : la double influence est très rare. Plusieurs raisons à cela : les caractéristiques particulières du fantastique français, et du fantastique belge d'expression française, différentes de celles du fantastique anglo-saxon, et différentes entre elles ; ensuite et surtout, si l'influence de HPL est facile à repérer, celle de Jean Ray l'est beaucoup moins — pas de noms connus appartenant à un certain Mythe que l'on puisse facilement reconnaître, seulement un style, une ambiance.

Le premier point, d'abord. Il est notoire que le Français est bien trop cartésien pour croire à l'irrationnel ; d'où la présence marginale du genre dans notre littérature. Jean-Baptiste Baronian le souligne parfaitement dans son **Panorama de la littérature fantastique de langue française** (La Renaissance du Livre, 2000). C'est surtout au XIXe siècle que, même marginale, la littérature fantastique française a connu son « Age d'Or » ; sous la forme d'un fantastique romantique inspiré de Hoffman de 1830 à 1850 (Nodier, Balzac, Gautier, Mérimée, Nerval) ; puis de 1850 à 1880 un fantastique réaliste sous l'influence de Poe (Erckmann-Chatrian, Villiers de l'Isle-Adam, Maupassant) ; pour finir sur un fantastique décadent à la Oscar Wilde (Barbey d'Aurevilly, Lorrain, Schwob, Régnier). Au début du XXe siècle, deux grands écrivains de science-fiction mêleront le fantastique au genre SF, préfigurant en quelque sorte Lovecraft (et Jean Ray) : J.H. Rosny Aîné et Maurice Renard.

Avant d'aborder la descendance, arrêtons-nous sur des précurseurs :

l'Invisible du **Horla** (1887) de Guy de Maupassant annonce fortement ceux de **La ruelle ténébreuse**, mais aussi, à un degré moindre, l'univers de HPL par sa possible origine extra-terrestre ; mais cartésianisme français oblige, le récit peut également être perçu comme celui de la psychose du narrateur. Cette filiation tout aussi coïncidente que la parenté collatérale Lovecraft/Ray peut trouver une explication — hasardeuse : Maupassant et Lovecraft ont tous deux été influencés par Poe (Jean Ray a sans doute lu également Maupassant, nous retrouvons l'influence du **Horla** dans **La ruelle ténébreuse**, déjà citée, mais aussi **Le bout de la rue** : dans les deux cas, une mystérieuse entité invisible est ramenée par bateau de quelque lointaine contrée). J.H. Rosny Aîné est un autre précurseur, mettant en scène des créatures provenant d'autres dimensions ou de races inhumaines, notamment avec **La jeune vampire** (1920) et surtout **L'assassin surnaturel** (1924). Les similitudes sont encore plus frappantes chez un auteur de l'époque dont la postérité n'a pas gardé le souvenir ; Renée Dunan (1892-1936) a écrit quelques romans, dont surtout **Baal, ou la magicienne passionnée** (1924), que l'éditeur Jean-Pierre Moumon a tiré d'une oubliette en 1995. L'intrigue y disparaît au profit de considérations philosophiques, mais il y est tout de même question d'une sorcière ouvrant la « porte » à une créature tentaculaire d'une autre dimension, à l'intelligence inhumaine. « *Alors une sorte de forme hideuse naquit au centre du miroir, (…) puis se matérialisa en cinq secondes et tomba sur le tapis. Le miroir était disparu… (…) On eût dit un poulpe : une sorte de corps rond et convexe auxquels s'attachaient des tentacules.* » (**Baal**, éditions Apex, pages 27-28). Le ton parfois cruel et immoral du récit rappelle à notre mémoire que le fantastique d'épouvante de l'époque ne craignait ni la provocation, ni le mauvais goût, frôlant parfois la perversité (par exemple, les numéros de **Weird Tales** de la période).

Au contraire du fantastique français, celui de Belgique est particulièrement florissant (« (…) *le fantastique belge n'est pas un phénomène marginal, n'est pas un genre voué, comme très souvent en France, à s'exprimer par sursauts, par la bande (…). C'est dire surtout qu'il existe chez les écrivains belges une disposition naturelle au fantastique.* », J.B. Baronian, op.cit., page 219). Comme dans le cas de Jean Ray, son plus célèbre représentant, il s'agit d'un fantastique d'atmosphère, un fantastique humain. Mais il est également difficile d'y trouver une descendance littéraire à Lovecraft, car, à l'exception de Ray, rares sont ceux qui y ont ajouté une dimension cosmique ; ni Franz Hellens, ni Thomas Owen, ni Michel de Ghelderode, ni Jacques Sternberg, ni Gérard Prévot. Donc, tant en Belgique qu'en France, c'est très occasionnellement que s'est manifestée la double influence Lovecraft/Ray.

C'est semble-t-il à Henri Vernes que revient l'honneur d'être le premier des « enfants » de cet étonnant « couple » littéraire. C'est le créateur de Bob Morane qui introduisit Jean Ray auprès des éditions Marabout, et qui est donc à l'origine de la fabuleuse collection Marabout Fantastique (voir Annexe III). En 1956, Vernes avait emmené son héros à la découverte du continent englouti (**Opération Atlantide**, Bob Morane n° 14) ; Morane y avait affronté les adorateurs de Dagon à Ryleh (R'lyeh chez Lovecraft). En 1972, retour en Atlantide (Bob Morane n° 110) pour affronter Dagon en personne : **Les spectres d'Atlantis** est plus fantastique d'atmosphère (**Opération Atlantide** était franchement SF) ; le thème des univers intercalaires, autant rayen que lovecraftien, y est à l'honneur, et face au Dagon lovecraftien, Morane aura l'aide de l'Homme du Fulmar — le spectre de Jean Ray. Bob Morane sera à nouveau projeté dans un univers parallèle, lovecraftien par sa géométrie non euclidienne et ses habitants d'une nature inconcevable, dans **Les berges du temps** (Bob Morane n° 159, Fleuve Noir, 1989) et sa suite **La guerre du cristal** (Bob Morane n° 165, Lefrancq, 1992). Et surtout dans le fabuleux Cycle d'Ananké, où Vernes multiplie références et influences pour aboutir à une œuvre tout à fait originale — et unique au sein de la série : **Les murailles d'Ananké** (Bob Morane n° 127, Marabout, 1974), **Les périls d'Ananké** (Bob Morane n° 130, Marabout, 1975), **Les anges d'Ananké** (Bob Morane n° 134, Marabout, 1976), **Les caves d'Ananké** (Bob Morane n° 141, Marabout, 1977), **Les plaines d'Ananké** (Bob Morane n° 146, Le Masque, 1979), réunis dans **Le Cycle d'Ananké** (Lefrancq, 1992), où une décevante conclusion inédite renvoie directement à Jean Ray (**La ruelle ténébreuse**) et à un degré moindre à Lovecraft.

Le second de ces « enfants » est en 1960 Jacques Van Herp, qui dès les années cinquante a exprimé son admiration pour les deux écrivains dans différents articles. Cette année là il adapte deux nouvelles de John Flanders parues en 1936, **Aux tréfonds du mystère** et **Le formidable secret du Pôle**, pour en faire un roman, **La porte sous les eaux**. Le thème du roman (comme celui des nouvelles, bien sûr) est celui d'une survivance du continent englouti Atlantide (comme chez Vernes). Mais les évidentes références lovecraftiennes sont le fait de Van Herp (à titre de comparaison, la version originale de Ray figure dans l'anthologie **Atlantides, les îles englouties**, Omnibus, 1995) : « *Mais, comme je l'ai dit, je n'avais d'yeux que pour l'idole. Elle se tenait accroupie, taillée dans une roche d'un noir- vert, ocelé de points d'or. La tête ne formait qu'une masse de tentacules grouillants. Elle était inclinée vers les membres courts et armés de griffes. Deux ailes fines s'allongeaient en son dos. (...) L'image était abjecte : l'incarnation même du mal et de son étrange pouvoir.* » (**La porte sous les eaux, dans Le secret des Sargasses,** 10/18, pages 208-209). Chacun aura reconnu Cthulhu, tel que le décrit Lovecraft dans **The Call of Cthulhu**. Chez Van Herp, il est Celui-qui-n'a-pas-de-nom : très lovecraftien comme appellation. Jacques Van Herp récidive en 1977 sous le pseudonyme d'Alan Haigh, avec **La porte des ténèbres**, publié au sein de sa collection Le Masque Fantastique. Lovecraft y est mis à contribution (le village perdu voué à un culte interdit ; le héros qui découvre trop tard la vérité sur son ascendance — deux thèmes de **The Shadow over Innsmouth**), ainsi que Jean Ray (le village est inaccessible car prisonnier d'un replis dans l'espace- temps, sauf pour le héros qui en est originaire — sans le savoir — cf. **La ruelle ténébreuse** et **Le Grand Nocturne**). En outre, Jean Ray est cité nommément, comme auteur d'un ouvrage style **Necronomicon** ! (comme Robert Bloch l'avait fait pour HPL dans **The Shambler from the Stars**, ouvrant la voie à bien d'autres).

En 1960, Jacques Sadoul publie **La passion selon Satan**, où un puissant sorcier invoque Yog Sothoth et Azathoth. Ici, la seule influence est Lovecraft, pas Jean Ray. Comme Lovecraft, Sadoul rejette la conception chrétienne du Bien et du Mal, et présente les divinités des religions monothéistes comme de petits dieux mesquins. Dans la réédition de l'ouvrage en 1979, Sadoul supprime les noms lovecraftiens et les remplace par d'autres, mais l'influence lovecraftienne est toujours là, bien entendu. Dans le second volet, **Le jardin de la licorne** (1977), le Dieu vengeur des chrétiens, manipulé par le sorcier, est la proie d'un Grand Ancien : « *Ce n'était pas un être humain mais la réplique exacte des Anciens Dieux qui avaient régné sur Terre bien avant la période anté-cambrienne. Tout y était : les tentacules multiples, le corps formé d'angles anormaux et l'œil empreint de malignité.* » (**Le jardin de la licorne**, J'Ai Lu, page 171). « *— Des anciens dieux ? Je ne comprends pas (...). Cette créature ne peut être que l'œuvre de Dieu ou une parodie suscitée par Satan (...).* *— Hélas, monsieur le curé, vous ignorez presque tout des réalités de l'univers ! Celui que nous adorons est puissant certes, mais Il n'est pas tout, et cet être échappe à sa création.* » (op.cit., page 174). On le voit, la démarche de Sadoul est à l'opposé de celle du très croyant Jean Ray (**Malpertuis**). **Le jardin de la licorne** se déroule en grande partie dans le Monde du Rêve (**The Dream Quest of Unknown Kadath**), mais celui de Sadoul est très loin de celui de Lovecraft influencé par Lord Dunsany : il est plus proche des univers de *fantasy* moderne, dominé par l'érotisme et une violence touchant au sadisme. Le Cycle du Domaine de R s'est poursuivi dans **Les Hautes Terres du Rêve** (1979) et **La cité fabuleuse** (1991).

En 1977, l'Age d'Or de Marabout Fantastique touche à sa fin (un Age d'Or qui aura duré seize ans !). Sous la direction de J.B. Baronian (directeur de collection depuis 1969), Marabout Fantastique a accueilli plusieurs membres du cercle lovecraftien (Bloch, Wandrei, Long), mais pour des textes n'appartenant pas au Cycle de Cthulhu : comme si seul un fantastique humain était acceptable dans une collection belge, un fantastique à l'image de celui du pays, et en aucun cas un fantastique cosmique ! — **Huit histoires de Cthulhu**, traduction partielle de **Tales of the Cthulhu Mythos**, est l'exception qui confirme la règle. En 1972, Baronian crée le Prix Jean Ray, manière de donner sa chance à la jeune génération fantastique belge après avoir publié les classiques ; le Prix sera décerné six fois, successivement à Jean-Paul Raemdonck, Daniel Mallinus, René Belletto, Gaston Compère, Michel Treignier et Jean- Pierre Bours. Eddy C. Bertin appartient à cette génération. Il découvre Jean Ray très jeune, au début des années soixante, et correspond même avec lui (comme, en un autre temps et un autre lieu, le jeune Bloch avec HPL). C'est cette influence que l'on retrouve dans le premier recueil de Bertin publié par Marabout : **Derrière le mur blanc** (1977). Mais Eddy C. Bertin a également été soumis à une autre influence, comme le prouve sa participation à l'anthologie **Les adorateurs de Cthulhu**, publiée en 1978 au Masque Fantastique, collection également dirigée par J.B. Baronian (qui espérait qu'elle succéderait dignement à Marabout Fantastique). Le texte (**Obscur est mon nom**) appartient à une série de contes lovecraftiens que Bertin a publié directement en anglais. Il y utilise les divinités classiques du Cycle (Nyogtha, Cthulhu, Cthugha, Tsathoggua, Azathoth, Ubbo Sathla, Abhoth, Yog Sothoth, Shub Niggurath) et introduit Cyaëgha, la Chose tapie dans les Ténèbres. Le titre original (**Darkness, My Name is**) indique bien que Cyaëgha est le Grand Ancien désigné uniquement comme « *Darkness* » que Howard Phillips Lovecraft imagina mais n'utilisa jamais dans aucune nouvelle (lettre de HPL à J.F. Morton, du 27/04/33).

Dans le désert éditorial qui est celui de la littérature fantastique française à l'époque de l'Age d'Or du fantastique belge, il y a tout de même une collection qui mérite le détour. Le plus important éditeur populaire français, Fleuve Noir, après le succès de la collection Anticipation (depuis 1951), lance en 1954 Angoisse ; pas de grandes révélations, les auteurs de la collection seront en général les écrivains-maison — de bons faiseurs : B.R. Bruss (alias Roger Blondel), Kurt Steiner (André Ruellan), Benoit Becker (pseudonyme collectif), Marc Agapit, Alphonse Brutsche (le débutant Jean-Pierre Andrevon), M.A. Rayjean, André Caroff, Maurice Limat, Pierre Suragne (Pierre Pelot). Tous usent d'un fantastique à la française, avec porte de sortie pour cartésiens (« Est-ce un rêve, est-ce la folie ? Il y a sûrement une explication rationnelle »). Au terme de vingt ans (un échec selon les standards du Fleuve), la collection s'arrête : les textes médiocres étaient devenus majoritaires ; et l'engagement tardif de G. J. Arnaud n'y pourra rien changer ; de ses quatre Angoisse, **La dalle aux maudits** (n° 248, 1974) nous intéresse particulièrement. « *Depuis le seuil, on voit le tumulus et la Dalle. (...) — C'était un champignon ? ai-je demandé à mon oncle. — Au départ, oui. Comme celui d'une explosion atomique. Et puis ça s'est mis à vivre, à s'organiser. Il lui* *fallait des tentacules, des bras pour étreindre la contrée.* » (**La dalle aux maudits**, Fleuve Noir, édition 1999, page 26). L'horreur enfermée sous la Dalle est pour Arnaud une métaphore de la menace nucléaire. Il en fit une entité vivante et maléfique (« *Toute l'horreur du monde est enfermée sous nos pieds. Ici, c'est l'un des points de rupture qui existent dans l'Univers. (...) Depuis les premiers âges les habitants de cette région des Pyrénées savent que nous sommes les Gardiens d'un terrible sépulcre. (...) Mais aussi les Guetteurs, car des forces maléfiques peuvent accourir (...) pour libérer cette monstruosité qui grouille sous nos pieds. (...) — Vois. — Un nuage. — Non. Tu n'as jamais vu un nuage pareil. C'était vrai. Et je pensais à un immense poulpe (...). — Demain, certains ne se réveilleront pas. D'autres seront atrocement brûlés et déformés.* », op.cit., pages 22-23). Dans le Cycle de Cthulhu, cette incarnation vivante et maligne de la menace nucléaire a un nom : Azathoth !

Force est de constater que les disparitions de Fleuve Noir Angoisse (1974) et Marabout Fantastique (1977) ont sonné le glas d'une certaine conception du fantastique francophone. Il y a bien eu ensuite Le Masque Fantastique (1978-80) et surtout NéO (1979-89), mais ces deux collections ont surtout vécu sur le passé prestigieux du genre. Il faudra attendre J'Ai Lu Épouvante (1986) et Presses Pocket Terreur (1989), mais : a) les deux collections ont favorisé les auteurs anglo-saxons ; b) elles se consacrent essentiellement à la conception actuelle du fantastique d'épouvante baptisée « terreur moderne ». Ce qui explique que dès la fin des années soixante-dix, des écrivains naviguant entre fantastique et SF ont dû placer leurs romans relevant du premier genre dans les collections consacrées au second (notamment Fleuve Noir Anticipation et Denoël Présence du Futur). De cette nouvelle génération, deux noms sont particulièrement importants : Daniel Walther et Serge Brussolo. Bien qu'il ait publié plus de romans de science-fiction que fantastiques, l'Alsacien Daniel Walther avoue préférer le second genre, auquel il a consacré une dizaine de livres, des **Quatre saisons de la nuit** (NéO, 1980) aux **Mandibules et les dents** (Les Belles Lettres, 1999) ; parmi ses influences, plus déclarées qu'évidentes : Lovecraft et Jean Ray, bien sûr. Serge Brussolo est un boulimique de l'écriture, et a énormément publié, dans tous les genres, depuis 1980 (**Vue en coupe d'une ville malade**, Denoël). Il a parfois été comparé à Stephen King — sans doute pour son œuvre aussi diversifiée que prolifique, mais son goût pour des thèmes morbides et sanglants le rapprochent d'un Clive Barker. S'y retrouve parfois une influence lovecraftienne ; l'étonnant **Les démoniaques** (1991), publié aux éditions Gérard de Villiers, est un habile mélange de genres : littérature populaire style Gaston Leroux (l'action se déroule au XIXe siècle), fantastique gothique (dont la dernière incarnation française avait été la collection Fleuve Noir Angoisse dont Brussolo est le digne héritier), et même Lovecraft donc (un ouvrage maudit de l'Egypte antique doit permettre à un sorcier de ressusciter un puissant démon de l'aube des temps : Shaka-Kandarec). L'année suivante en paraît une suite dans la même collection, **Les inhumains**. Dans le plus pur style Brussolo, plusieurs personnes enfermées dans un château sont torturées et mutilées par un sorcier dément qui retient emprisonné dans la cave un dieu dénaturé et affaibli, venu des profondeurs du temps ou de l'espace (la trame et le personnage de Shicton-Wave évoquent également Philarète, l'ignoble âme damnée de Cassave, qui soumet dieux et humains emprisonnés à **Malpertuis** à ses sinistres talents de taxidermiste). D'autres romans fantastiques, mais parus en Fleuve Noir Anticipation, subissent une influence similaire, tels **Catacombes** (1986) et **Dr Squelette** (1987).

En 1993, Fleuve Noir relance la collection Angoisses (cette fois au pluriel), qui disparaît au bout de… neuf numéros !, vite remplacée l'année suivante par Frayeur. Dirigée par le cinéaste Jean Rollin (certainement pas un gage de qualité !), la collection s'arrête en 1995 après avoir publié 32 romans beaucoup plus explicites que les Angoisse de jadis. La nouvelle génération d'écrivains affiche sans complexe son goût pour le surnaturel et l'horreur : Alain Venisse, Lori Anh, Anne Dugüel, Bernard Florentz, Felix Brenner, Denis Leroux, Jean Rollin, Anissa Berkani-Rohmer, Serge Lehman, Pascal Françaix, Laurent Courtiaud, Jean-Loup Philippe, Kâä, Vincent Vox. Deux romans de la collection payent leur dû à HPL et au mythe de Cthulhu. **Symphonie pour l'enfer** (n° 5, 1994) est le second roman de Alain Venisse, qui a débuté dans la collection (il y a publié au total six romans, du premier au dernier). La référence à **The Music**

of Erich Zann vient tout de suite à l'esprit, puisqu'il y est question d'une partition musicale ouvrant une porte sur la dimension où sont enfermés les Grands Anciens. **Le cercueil de chair** de Pascal Françaix (n° 16, 1995) se présente comme un hommage plus discret au Solitaire de Providence : la bibliothèque lovecraftienne (le **Culte des Goules**) est au centre de l'intrigue, mais ne sert qu'à une histoire de sorcellerie qui n'a rien à voir avec le Mythe.

L'influence lovecraftienne plane sur bien des titres des séries populaires du Fleuve Noir, que ce soit en SF, en horreur ou en fantasy. En Gore (n° 103), une collection axée sur l'horreur sanglante, François Darnaudet, passionné de jeux de rôles, est le co-auteur de **Collioure Trap** (1989), où Azathoth met à profit l'ouverture sur sa dimension qu'a provoqué l'utilisation du jeu **L'appel de Cthulhu** pour envahir notre univers ! Ce pastiche souvent désopilant mêle fiction et fiction dans la fiction, le lecteur suivant les aventures des personnages pour découvrir régulièrement que ceux-ci sont en train de jouer un rôle, et la fin du récit laisse planer un doute : fiction (le jeu de rôles) ou réalité (le roman). Lovecraft n'est pas le seul écrivain mis à contribution par Darnaudet : Nyarlathotep prend l'apparence humaine de « *l'abominable docteur Fleix, ce monstre humain* » (**L'appel de Collioure**, éditions de l'Agly, page 42), c'est à dire Flax, l'ennemi juré de Harry Dickson, le fameux détective de Jean Ray ; certes, l'épisode **Le professeur Flax, monstre humain** est antérieur à l'arrivée de Ray sur la série, mais quelle importance ? Comme le disait lui-même l'écrivain belge : « *Harry Dickson, c'est moi !* ». Le roman de Darnaudet méritait un meilleur sort qu'une publication en Gore, c'est chose faite avec la réédition mise à jour (débarrassée des séquences trop horribles inutiles) en 2000 par les éditions de l'Agly. La plupart des romans parus en Gore sont d'un niveau largement inférieur, comme **L'océan cannibale** (1987) de Christian Vilà, qui présente le réveil d'une monstrueuse entité sous-marine. En Anticipation, l'influence lovecraftienne se retrouve, discrète, dans un certain nombre de space operas ; comme la série **Les dossiers maudits** (le nom d'un personnage majeur de philosophe, Irkham, n'évoque t-il pas celui de la ville Arkham?), où Piet Legay imagine une histoire cachée de la Terre du futur préfigurant **X- Files**, puisqu'un pouvoir secret tente d'y faire disparaître toute trace d'une possible existence d'une vie extra-terrestre ; **Egrégore** (1989) et **L'énigme du Squalus** (1992) sont deux exemples d'une possible et légère influence chez Legay, qui y met en scène une entité extra-terrestre inconcevable et maléfique (avec un grand M). Anciens Dieux et Incarnation des Ténèbres, Egypte antique mythique à la Robert Bloch, l'influence est également présente dans **Comme une odeur de tombeau** (1990) de Samuel Dharma (alias Thomas Bauduret).

Tous les romans cités jusqu'à présent appartiennent à la période la plus récente du Fleuve, mais des auteurs plus anciens de la collection ont également utilisé des thèmes similaires à ceux du créateur de Cthulhu. Robert Clauzel apparaît au sein de la collection en 1970, et y lance une nouvelle série à héros récurrent : **La tache noire** (n° 418), **Aux frontières de l'impossible** (n° 434), **L'horreur tombée du ciel** (n° 455), **La planète qui n'existait pas** (n° 468), **Destination Épouvante** (n° 481), **Comme il était au commencement...** (n° 499), **Le monde de l'incréé** (n° 518), **La galaxie engloutie** (n° 527), **A l'aube du dernier jour...** (n° 545), **Les cathédrales d'espace-temps** (n° 559), **La terrible expérience de Peter Home** (n° 573), **Les étoiles meurent aussi...** (n° 583), **La fantastique énigme de Pentarosa** (n° 597), **Le nuage qui vient de la mer** (n° 617), **Plate-forme Epsilon** (n° 643), **Et la nuit garda son secret** (n° 672), **Princesse des étoiles** (n° 684), **La Terre, échec et mat** (n° 744), **La planète suppliciée** (n° 760), **Le cylindre d'épouvante** (n° 763)... Au premier abord se sent l'influence de **Perry Rhodan** ; mais alors que la série germanique (publiée au Fleuve Noir depuis 1966) fait de la Terre le centre de l'univers, pour Clauzel notre planète n'est qu'un point infime ; et au plus profond de l'espace le Diable attend son heure : comme dans le Cycle de Cthulhu, le Mal a forme matérielle bien que totalement inconcevable, extra-terrestre. « (…) *Il venait des Antiêtres..., des Révoltés...(...). Ils n'ont pas abandonné la lutte. (...) Les guerres intersidérales et intergalactiques que nous menons actuellement ne sont rien à côté de ce qui nous attend, ce sont de petits conflits. Eux s'opposent à toute vie, à l'essence même, aux êtres pré-existants. (...) Nous assistons probablement en ce moment à une reprise du conflit entre les Etres et les Antiêtres..., entre les vivants et les révoltés originels...* » (**L'horreur tombée du ciel**, page 231). Bien que également publiée en Anticipation, la série de Michel Honaker, **Le Commandeur**, relève du pur fantastique, et en particulier du fantastique lovecraftien qui nous intéresse : sorciers maléfiques, démons tentant de réinstaurer leur règne sur Terre, et un héros à la Solomon Kane. La série est parue pour la première fois chez Media 1000 en 1988 (trois numéros), avant de passer au Fleuve l'année suivante (neuf épisodes dont six inédits). La référence à Solomon Kane n'est pas fortuite : déjà dans **Terminus sanglant** (1987), publié en Gore (n° 54), Honaker créait un personnage de chasseur de vampires au look très proche de celui du héros de Howard : « (...) *un personnage long et noueux se détacha de l'ombre (...), vêtu d'un ample manteau gris qui flottait sur ses épaules (...). Un chapeau sombre à larges bords masquait une partie de son visage émacié, creusé même exagérément sous ses pommettes blêmes, visage que dévorait pour ainsi dire une paire d'yeux trop grands et trop pâles. (...) J'eus l'impression de me trouver face à une émanation du dieu païen Wotan en personne, appuyé sur l'épieu jadis taillé dans le Frêne du Monde.* » (**Terminus sanglant**, Fleuve Noir, pages 30-31). Et dans ce même roman, un autre personnage habite... Providence ! **Chatinika** est une série de *fantasy*, lancée en 1995 par Alain le Bussy, plus connu des lecteurs de SF traditionnelle. Les références lovecraftiennes ne manquent pas, mais la référence majeure est bien sûr Robert E. Howard (qui à son époque infestait déjà ses univers d'*heroic fantasy* de divinités lovecraftiennes). Ces deux romans sont un entracte dans l'œuvre de l'écrivain SF, il est donc évident que Lovecraft n'est pas pour lui une référence habituelle. Néanmoins, il y a ici influence lovecraftienne (ou howardienne) ; ce n'est pas le cas d'une quelconque influence rayenne, totalement absente (et pourtant le Bussy est belge, comme le Maître de Gand). Dernier écrivain du Fleuve sur lequel nous nous attarderons, Hugues Douriaux est l'auteur de plusieurs séries de fantasy en Anticipation, et s'essaye au fantastique avec **Roche- Lalheue** (1991). Le décor, un château campagnard délabré, et ses habitants, deux jeunes femmes et leur grand-mère, semblent sortis d'un vieil « Angoisse ». Aux thèmes de cette ancienne collection (la folie, la superstition) se mêle une dimension cosmique : une entité démoniaque et immortelle venue d'un autre univers a pris possession de l'esprit d'un villageois, et l'héroïne a été désignée pour l'affronter. Comme chez Lovecraft, le « Mal » est éternel, et revient dans deux autres romans. Dans le troisième épisode, **Les sortilèges de Maïn**, Douriaux retrouve les univers de fantasy qui lui sont chers, son héroïne affrontant le « Mal » en passant de notre monde à une autre dimension (clin d'œil au Monde du Rêve lovecraftien, comme l'avait fait Sadoul avant lui ?).

Les éditions Vaugirard ont choisi le même créneau de publications que Fleuve Noir. Son auteur vedette est le vétéran Jimmy Guieu, un spécialiste des space operas dont les thèmes sont similaires à ceux de Piet Legay (extra-terrestres agressifs et comploteurs gouvernementaux). Au Fleuve, il avait été l'auteur de la série **Les chevaliers de lumière** (avec héros voyageant d'une dimension à l'autre), chez Vaugirard, il récidive en 1990 avec une nouvelle série, **E.B.E.** ; dans le deuxième épisode, **L'entité noire d'Andamooka** (1991), une maléfique et abominable entité extra-dimensionnelle renvoie à nouveau à Lovecraft. Mais la série la plus populaire de Vaugirard est Blade, qui conte les exploits d'un agent secret que le gouvernement anglais envoie lors de chaque épisode, à l'aide d'une étonnante machine, sur la Terre de dimensions parallèles ; il passe ainsi son temps à séduire les princesses et libérer les opprimés, dans des univers relevant généralement de la fantasy. La série, d'origine américaine, a été créée en 1969 par Manning Lee Stokes sous le pseudonyme de Jeffrey Lord, puis reprise par d'autres écrivains sous le même pseudonyme. Lorsque le matériel original est venu à manquer (la publication américaine s'est interrompue), Vaugirard a commandé à ses traducteurs (signant toujours Jeffrey Lord, bien entendu) des épisodes inédits. Cette pratique n'est pas nouvelle en France : dans les années cinquante, Fayard a publié des romans du **Saint** faussement attribués à Leslie Charteris et dus en réalité aux « traducteurs » français (il est facile de les repérer : à la mention « traduit de l'anglais par… » se substitue « adapté de l'anglais par… » et le lecteur cherchera vainement un titre original). Pour en revenir à **Blade**, le principal de ses « adaptateurs » est Olivier Raynaud, plus connu sous le pseudonyme de Richard D. Nolane, critique de son état et amateur de Lovecraft de longue date (en 1976, Nolane avait publié dans un fanzine **La nuée tombée des étoiles**, au titre évocateur). C'est donc tout naturellement que Raynaud fait affronter à Blade (comme Bob Morane avant lui) le dieu lovecraftien Dagon (**Le sanctuaire de**

Dagon, 1991). C'est ensuite (Shub) Niggurath qui fait régner la terreur sur une autre Terre dans **La citadelle de la nuit** (1991). **Les guerriers noirs d'Yslis** (1993) est tout aussi ouvertement lovecraftien, mais dû à Thomas Bauduret. Blade y fait face à Yslis, puissant démon banni jadis par les Anciens Dieux, et qui a porté bien des noms au cours des millénaires comme Baal ou… Cthulhu ! (une assimilation entre mythe lovecraftien, fantasy et mythologie classique qui n'est pas sans rappeler **The Wells of Hell** de Graham Masterton).

Enfin, il est impossible de parler du Mythe francophone de Cthulhu, sans évoquer le domaine du fandom, plus prolifique mais moins connu (car d'une distribution naturellement réduite). Un grand nombre de fanzines a été consacré à Howard Phillips Lovecraft en France, ce qui est normal dans le pays dont la critique a reconnu les mérites de l'écrivain bien avant celle des Etats-Unis. Certains se sont principalement consacrés à l'étude du Mythe, d'autres ont élargi leur horizon sur le fantastique et la SF en général. La liste est impressionnante, citons notamment : **Nyarlathotep** (créé en 1969, il fait figure de précurseur), **L'ami nocturne, Le cri mécanique, La Clef d'Argent, Le Codex Atlanticus** (ces trois derniers de Philippe Gindre), **Etudes lovecraftiennes** (1988-94) de Joseph Altairac, **La lettre de l'Ordre** de Alexis Bès, **Histoires d'horreurs lovecraftiennes** de Philippe Laguerre, Karpath, **Le courrier d'Arkham** (1990-91) de Jean-Jacques Nguyen, **Unaussprechlichen Kulten** de Stéphane Labrousse (à la gloire de R.E. Howard), **Dragon et Microchips** de Philippe Marlin ; beaucoup de ces fanzines sont aujourd'hui disparus, la vie de ces revues-amateurs étant aléatoire ; survivent **Etudes lovecraftiennes** (consacré à l'étude non à des fictions), sous la forme d'une collection éditée par Encrage et intitulée **Cahiers d'études lovecraftiennes**, et **Dragon et Microchips**, de l'Association L'Œil du Sphinx, divisé en plusieurs sections, comme **Les Manuscrits d'Edward Derby** (consacrée aux fictions, lovecraftiennes ou non), et **Le Bulletin de l'Université de Miskatonic** (fanzine d'étude lovecraftienne) ; le succès de ces sections leur a bientôt valu d'obtenir des numéros spéciaux, comme **Rêves d'Arkham** (**Les Manuscrits d'Edward Derby** n° 4) et **Rêves d'Innsmouth**, n° 6 des **Manuscrits**… Beaucoup d'auteurs aujourd'hui confirmés ont débuté dans le fandom. Francis Valery fut libraire, éditeur (plusieurs fanzines qu'il abandonna parfois à d'autres pour se consacrer à de nouvelles aventures : **A & A, KBN, KWS, Cyberdreams**…), critique, anthologiste, et est également désormais écrivain, passant de la SF (**L'arche des rêveurs**) à la littérature générale (**L'erreur de France**) ; sa série **Agence Arkham**, malgré son titre, doit plus à **X- Files** et **Bob Morane** qu'à Lovecraft. Roland C. Wagner, comme Valery, s'est spécialisé dans la SF classique, mais franchement loufoque. Un exemple : « (…) *un incroyable ectoplasme rouge translucide d'une trentaine de mètres de hauteur, qui ressemblait à un croisement contre nature entre Cthulhu et Sylvester Stallone, avec quelque chose de Marty Feldman dans le regard.* » (**Le nombril du monde**, éditions DLM, page 122). Il a ainsi revisité la biographie de Lovecraft sous cet angle dans **HPL (1890-1991)**, publié dans les opuscules **L'astronaute mort** d'Yves Letort et **Cyberdreams** de Francis Valery, texte qui lui a valu le Prix Rosny Ainé 1997: dans ce récit, l'écrivain survit à son cancer et abandonne le Mythe pour une science-fiction plus traditionnelle ; le coup de théâtre final relève d'ailleurs de la pure SF. Parmi les nombreux romans et nouvelles que Wagner a publiés au Fleuve Noir, le lovecraftien **Celui qui bave et qui glougloute**, où les Grands Anciens envahissent le *Far West*, est un grand moment de parodie. Egalement dans le genre loufoque, à mi- chemin entre fantastique et science-fiction, Paul Ange ne vient pas du fandom, mais publie néanmoins hors des sentiers traditionnels de l'édition : son roman **La momie d'Halloween** est prépublié dans la revue **Halloween**, avant d'être offert aux lecteurs du magazine ; véritable fourre-tout délirant aux multiples références, le feuilleton donne la vedette à des adolescents qui, la nuit d'Halloween (*of course*), décident de redonner la vie à une momie enfermée dans l'Université de Miskatonic. Jean-Jacques Nguyen a lui aussi abandonné HPL (le fanzine **Le Courrier d'Arkham**) pour d'autres horizons de la SF. L'Œil du Sphinx a réuni les textes de ses débuts dans **Rêves d'Arkham** et **Rêves d'ailleurs** en 1994, et certaines de ces nouvelles ont été reprises dans son premier recueil professionnel, **Les visages de Mars** (Bifrost/ Etoiles Vives, 1998). Philippe Laguerre, auteur d'une **Bibliographie lovecraftienne** pour L'Œil du Sphinx, publie son premier roman en 1997 sous le pseudonyme de Philippe Ward. Artahé évoque un peu **The Shadow over Innsmouth** : culte interdit, village perdu, et héros qui découvre trop tard la vérité sur son ascendance. **Irrintzina** (1999) obtient une diffusion moins confidentielle, et poursuit la voie amorcée par Ward dans **Artahé** : s'inspirer du mythe lovecraftien en l'adaptant à un décor et une mythologie locaux que l'auteur connaît mieux, à la manière d'un Masterton ; et Ward se débrouille parfaitement dans le thriller surnaturel (enquête policière débouchant dans le fantastique) où l'écrivain anglais est passé maître (bien des romanciers d'épouvante anglo-saxons ont, à des degrés divers, suivi l'exemple de Masterton : James Herbert, John Farris, Stephen Laws, Thomas Monteleone, Charles de Lint), développant une mythologie originale : le culte du dieu-ours (**Artahé**), les Etarras basques (Irrintzina), le Drac et le mystère Cathare (**Le chant de Montségur**).

En conclusion, nous dirons qu'il existe bien un Cycle de Cthulhu en France, mais très marginal, et qui souvent n'ose pas dire son nom ; et cette marginalité ne rend pas aisée toute tentative de bibliographie.

BIBLIOGRAPHIE PRINCIPALE : LES LOVECRAFTIENS FRANCOPHONES

(la mention Panthéon indique l'utilisation du Panthéon des dieux lovecraftiens).

1956

- **Opération Atlantide**, Henri Vernes ; « Bob Morane » n° 14, Marabout Junior n° 70 ; rééditions : Pocket Marabout, 1968, Fleuve Noir, 1990. *Dagon.*

1960

- **La porte sous les eaux**, John Flanders et Michel Jansen (Jean Ray et Jacques Van Herp) ; Editions Spès ; réédition : Le secret des Sargasses, 10/18, 1975. *Celui-qui-n'a-pas-de-nom = Cthulhu.*

- **La passion selon Satan**, Jacques Sadoul ; Editions du Scorpion ; rééditions : J'Ai Lu, 1979, 1988. *Shamphalaï, Zooth = Cthulhu ?, l'Ultime Présence = Yog Sothoth, Astaroth = Azathoth + Nyarlathotep.*

1967

- **Les crapauds de la mort**, Henri Vernes ; « Bob Morane » n° 86, Pocket Marabout ; rééditions : Bibliothèque Verte, Hachette, 1983, **Le cycle des crapauds**, La Renaissance du Livre, 2000.

1968

- **L'empreinte du crapaud**, Henri Vernes ; « Bob Morane » n° 89, Pocket Marabout ; rééditions : Bibliothèque Verte, Hachette, 1983, **Le cycle des crapauds**, La Renaissance du Livre, 2000.

1971

- **L'horreur tombée du ciel**, Robert Clauzel ; Fleuve Noir Anticipation n° 455.

1972

- **Les spectres d'Atlantis**, Henri Vernes ; « Bob Morane » n° 110, Pocket Marabout ; rééditions : Librairie des Champs Elysées, 1979, Fleuve Noir, 1991. *Dagon.*

1974

- **La dalle aux maudits**, G.J. Arnaud ; Fleuve Noir Angoisse n° 248 ; rééditions : **Les Angoisses de G.J. Arnaud,** Fleuve Noir, 1982, **La dalle aux maudits**, Bibliothèque du Fantastique, Fleuve Noir, 1999. *Azathoth.*

1975

- **Le masque du crapaud**, Henri Vernes ; « Bob Morane » n° 129, Pocket Marabout ; réédition : **Le cycle des crapauds**, La Renaissance du Livre, 2000.

1976

- **La nuée tombée des étoiles**, Richard D. Nolane (Olivier Raynaud) ; Spirale n° 3.

- **Darkness, My Name is**, Eddy C. Bertin ; **The Disciples of Cthulhu**, Daw Books, USA ; réédition : Chaosium, USA, 1996 ; traduction française : **Les adorateurs de Cthulhu**, Le Masque Fantastique n° 12, 1978 (sous le titre **Obscur est mon nom**) ; réédition française : Les disciples de Cthulhu, Oriflam, 1998 (sous le titre **Ténèbres est mon nom**). *Cyaëgha. (Panthéon)*

- **All-Eye**, Bob Van Laerhoven ; **The Disciples of Cthulhu**, Daw Books, USA ; réédition : Chaosium, USA, 1996 ; traduction française : **Les disciples de Cthulhu**, Oriflam, 1998 (sous le titre Grand-Œil). *Hingoo = Ithaqua, Cthulhu. (Panthéon)*

1977

- **La porte des ténèbres**, Alan Haig (Jacques Van Herp) ; Le Masque Fantastique n° 18. *S'sor = Yig.*

- **Le jardin de la licorne**, Jacques Sadoul ; réédition : J'Ai Lu, 1988. *Shamphalaï, l'Ultime Présence = Yog Sothoth.*

1979

- **Les Hautes Terres du Rêve**, Jacques Sadoul ; réédition : J'Ai Lu, 1988. *Shamphalaï, Astaroth = Azathoth.*

1982

- **Concerto for a Satin Vampire**, Eddy C. Bertin ; **Dunwich Dreams** (Belgique) ; inédit en français.

1985

- **The Waiting Dark**, Eddy C. Bertin ; Crypt of Cthulhu n° 29 (USA) ; inédit en français. *(Panthéon)*

1987

- **Dr Squelette**, Serge Brussolo ; Fleuve Noir Anticipation n° 1517 ; réédition : **La nuit du venin**, Bibliothèque du Fantastique, Fleuve Noir, 1999.

- **L'océan cannibale**, Christian Vilà ; Fleuve Noir Gore n° 32.

1988

- **Le démon du Bronx**, Michel Honaker ; Média 1000 ; réédition : **Bronx Ceremonial**, « Le Commandeur » n° 1, Fleuve Noir Anticipation n° 1723, 1989.

- **D'argile et de sang**, Michel Honaker ; Média 1000 ; réédition : **The Verb of Life**, « Le Commandeur » n° 2, Fleuve Noir Anticipation n° 1735, 1990.

- **La maison des cauchemars**, Michel Honaker ; Média 1000 ; réédition : **Evil Game**, « Le Commandeur » n° 6, Fleuve Noir Anticipation n° 1783, 1990.

- **J'irai t'attendre à l'ombre des grands saules**, Jean-Jacques Nguyen ; **Poivre noir** n° 21 ; réédition : **Rêves d'Arkham**, L'Œil du Sphinx, 1994.

1989

- **Les berges du temps**, Henri Vernes ; « Bob Morane », Fleuve Noir.

- **Collioure Trap**, François Darnaudet et Catherine Rabier ; Fleuve Noir Gore n° 103 ; réédition : **L'appel de Collioure**, Editions de l'Agly, 2000. *Azathoth, Nyarlathotep. (Panthéon)*

- **Egrégore**, Piet Legay ; « Les Dossiers Maudits », Fleuve Noir Anticipation n° 1700.

- **The Gibbering Walls**, Eddy C. Bertin ; **Crypt of Cthulhu** n° 65 (USA) ; inédit en français. (*Panthéon*)

1990

- **Return of Emeth**, Michel Honaker ; « Le Commandeur » n° 3, Fleuve Noir Anticipation n° 1748.

- **King of Ice**, Michel Honaker ; « Le Commandeur » n° 4, Fleuve Noir Anticipation n° 1759.

- **Secret of Bashamay**, Michel Honaker ; « Le Commandeur » n° 5, Fleuve Noir Anticipation n° 1771.

- **Comme une odeur de tombeau**, Samuel Dharma (Thomas Bauduret) ; Fleuve Noir Anticipation n° 1773.

- **Le neurasthénique d'Hosfr'maïshr**, Jean-Jacques Nguyen ; Miniature n° 5 ; réédition : Rêves d'Arkham, L'Œil du Sphinx, 1994.

- **Celui qui marchait dans les ténèbres**, Jean-Jacques Nguyen ; Le **Courrier d'Arkham** n° 1 ; réédition : **Rêves d'Arkham**, L'Œil du Sphinx, 1994.

1991

- **La cité fabuleuse**, Jacques Sadoul ; Editions du Rocher ; réédition : J'Ai Lu, 1993.

- **Les démoniaques**, Serge Brussolo ; Brussolo n° 8, Editions G. de Villiers.

- **Troll**, Michel Honaker ; « Le Commandeur » n° 7, Fleuve Noir Anticipation n° 1795.

- **Apocalypse Junction**, Michel Honaker ; « Le Commandeur » n° 8, Fleuve Noir Anticipation n° 1810.

- **Dark Spirit**, Michel Honaker ; « Le Commandeur » n° 9, Fleuve Noir Anticipation n° 1822.

- **Roche-Lalheue**, Hugues Douriaux ; Fleuve Noir Anticipation n° 1844.

- **L'entité noire d'Andamooka**, Jimmy Guieu ; « E.B.E. » n° 2, Vaugirard.

- **Le sanctuaire de Dagon**, Jeffrey Lord (Olivier Raynaud) ; « Blade » n° 79, Vaugirard. *Dagon.*

- **La citadelle de la nuit**, Jeffrey Lord (Olivier Raynaud) ; « Blade » n° 80, Vaugirard. *Niggurath = Shub Niggurath.*

- **Le caveau de la peur**, Jean-Emile Garrido ; Pégase n° 2, Phénix.

- **La porte des enfers**, Jean-Jacques Nguyen ; **Les adorateurs de Seth** ; réédition : **Rêves d'Arkham**, L'Œil du Sphinx, 1994.

1992

- **Les inhumains**, Serge Brussolo ; Brussolo n° 10, Editions Gérard de Villiers.

- **L'énigme du Squalus**, Piet Legay ; « Les Dossiers Maudits », Fleuve Noir Anticipation n° 1860.

- **La guerre du cristal**, Henri Vernes ; « Bob Morane », Lefrancq.

- **La symphonie de l'au-delà**, Jean-Jacques Nguyen ; **Magie rouge** n° 34-35 ; réédition : **Rêves d'Arkham**, L'Œil du Sphinx, 1994.

- **Grand reporter**, Jean-Jacques Nguyen ; **Planète à vendre** n° 13 ; réédition : **Rêves d'Arkham**, L'Œil du Sphinx, 1994.

1993

- **Chaque nuit**, Roland C. Wagner ; **Maelstrom** n° 4 ; rééditions : **Forces obscures** n° 2, Editions Naturellement, 1999, **Musique de l'énergie**, Editions Nestiveqnen, 2000.

- **Symphonie pastorale**, Hugues Douriaux ; Fleuve Noir Anticipation n° 1899.

- **Les sortilèges de Maïn**, Hugues Douriaux ; Fleuve Noir Anticipation n° 1923.

- **Les guerriers noirs d'Yslis**, Jeffrey Lord (Thomas Bauduret) ; « Blade » n° 89, Vaugirard. *Yslis = Cthulhu. (Panthéon)*

1994

- **Symphonie pour l'enfer**, Alain Venisse ; Fleuve Noir Frayeur n° 5. *Shub Niggurath, Nyarlathotep, Cthulhu. (Panthéon)*

- **Swing, puzzle**, Harlow, Jean-Jacques Nguyen ; **Rêves d'Arkham**, L'Œil du Sphinx ; réédition : **Les visages de Mars**, Bifrost/Etoiles Vives, 1998.

- **L'ultime réalité**, Jean- Jacques Nguyen ; **Rêves d'Arkham**, L'Œil du Sphinx ; réédition : **Les visages de Mars**, Bifrost/ Etoiles Vives, 1998.

- **Rêves d'Arkham**, 8 nouvelles de Jean-Jacques Nguyen ; Les Manuscrits d'Edward Derby n° 4, L'Œil du Sphinx.

1995

- **Le cercueil de chair**, Pascal Françaix ; Fleuve Noir Frayeur n° 16.

- **HPL (1890-1991)**, Roland C. Wagner ; L'Astronaute Mort ; rééditions : Cyberdreams n° 8, 1997, **SF 98 : les meilleurs récits de l'année**, Bifrost/Etoiles Vives, 1998, **Musique de l'énergie**, Editions Nestiveqnen, 2000.

- **Chatinika**, Alain le Bussy ; Fleuve Noir Anticipation.

1996

- **Le dieu avide**, Alain le Bussy ; « Chatinika » n° 2, Fleuve Noir Anticipation.

- **La bête hors des âges**, Henri Vernes ; « Bob Morane », Lefrancq.

- **L'antre du crapaud**, Henri Vernes ; « Bob Morane », Lefrancq ; réédition : **Le cycle des crapauds**, La Renaissance du Livre, 2000.

1997

- **Artahé**, Philippe Ward (Philippe Laguerre) ; CyLibris Editions.

- **Le nombril du monde**, Roland C. Wagner ; « Agence Arkham » n° 2, Editions DLM.

- **Les pièges de cristal**, Henri Vernes ; « Bob Morane », Lefrancq.

- **Monitor Man**, Alain Venisse ; Florent Massot. *Yog Sothoth*. (*Panthéon*)

1998

- **Le chasseur**, Jacques Van Herp ; réédition, Le rescapé du Fenris, Lefrancq.

- **Les légions du néant**, Andriat et Mythic (Pascal Andriat et Jean-Claude Smit-le-Bénédicte) ; Bibliothèque du Fantastique, Fleuve Noir.

- **Fragment du livre de la mer**, Roland C. Wagner ; **Paris le Journal** n° 89 ; réédition : **Musique de l'énergie**, Editions Nestiveqnen, 2000.

1999

- **Celui qui bave et qui glougloute**, Roland C. Wagner ; **Futurs antérieurs**, anthologie de Daniel Riche, Fleuve Noir ; réédition : **Musique de l'énergie**, Editions Nestiveqnen, 2000. (*Panthéon*)

- **Irrintzina**, Philippe Ward (Philippe Laguerre) ; Forces Obscures, Editions Naturellement.

- **Rêves d'Innsmouth**, anthologie de 23 nouvelles : **Les trois cloches**, Elisabeth Piotelat ; **Matéria, Matéria**, Jeremy Bérenger ; **Courrier des lecteurs**, Serge Rollet ; **L'Ennemi Ancien**, Serge Rollet ; **Elias Kurmian**, Jacky Ferjault ; **Cimia**, Emmanuel Thibault ; **L'enchanteur et la muse**, Willy Favre ; **De Profondis ou Requiem pour HPL**, Aline Lirot ; **Maillon d'une ancienne chaîne**, Léa Silhol ; **Près du lac**, Jess Kaan ; **La mouette**, Adam Possamaï ; **Fatal appel fractal**, Thierry Deluc ; **De Santiago Michaele Archangelo**, Claire Panier ; **Mac Fleet**, Claire Panier ; **Le soupirail**, Estelle Chee ; **La porte entrouverte**, Brice Chee ; **Cthulhu réincarné**, Chris A. Masters ; **L'île aux Sans Visages**, Alexandre Garcia ; **Horreur à Chartres**, Laurent Bœgler ; **Le café au bord du monde**, Laurent Bœgler ; **Mon ami Howard**, Laurent Bœgler ; **Le poids des mots**, Patrick Verlinden ; **One**, Fred Demma ; Les Manuscrits d'Edward Derby n° 6, L'Œil du Sphinx.

2000

- **La momie d'Halloween** n° 1 : **Naissance d'un monstre**, Paul Ange ; Halloween Pocket ; prépublication dans **Halloween** n° 1-3, juin- octobre 1999.

- **La momie d'Halloween** n° 2 : **L'Agartha**, Paul Ange ; Halloween Pocket ; prépublication dans **Halloween** n° 4-6, janvier- mai 2000.

2001

- **Le chant de Montségur**, Sylvie Miller et Philippe Ward (Philippe Laguerre) ; CyLibris Editions.

BIBLIOGRAPHIE SECONDAIRE : LES RAYENS

1955

- **Malpertuis**, Jean Ray ; Présence du Futur, Denoël ; rééditions : Marabout Fantastique n° 142, 1962, Le Masque Fantastique n° 1, 1978, J'Ai Lu SF, 1984. (première édition : 1943).

1961

- **Histoires noires et fantastiques**, Jean Ray ; Marabout Fantastique n° 114.

1963

- **Les derniers contes de Canterbury**, Jean Ray ; Marabout Fantastique n° 166 ; rééditions : Le Masque Fantastique n° 23, 1979, NéO Fantastique n° 156, 1985. (première édition : 1944).

- **La cave aux crapauds**, Thomas Owen ; Marabout Fantastique n° 172 ; rééditions : NéO Fantastique n° 169, 1986, **Œuvres choisies** tome 1, La Renaissance du Livre, 2000. (première édition : 1945).

1964

- **Le carrousel des maléfices**, Jean Ray ; Marabout Fantastique n° 197 ; rééditions : Le Masque Fantastique n° 10, 1978, NéO Fantastique n° 150, 1985.

- **La brume ne se lèvera plus**, Claude Seignole ; Marabout Fantastique n° 199.

- **Les contes noirs du golf**, Jean Ray ; Marabout Fantastique n° 208 ; rééditions : Le Masque Fantastique n° 9, 1978, NéO Fantastique n° 159, 1986, Lefrancq, 1996.

1965

- **La malvenue**, Claude Seignolle ; Marabout Fantastique n° 215.

- **La cité de l'indicible peur**, Jean Ray ; Marabout Fantastique n° 223 ; rééditions : Le Masque Fantastique n° 19, 1979, NéO Fantastique n° 130, 1985. (première édition : 1943).

- **Histoires maléfiques**, Claude Seignolle ; Marabout Fantastique n° 230 ; réédition : NéO Fantastique n° 43, 1981.

1966

- **Les contes du whisky**, Jean Ray ; Marabout Fantastique n° 237 ; rééditions : Le Masque Fantastique n° 30, 1980, NéO Fantastique n° 143, 1985, Lefrancq, 1996. (première édition : 1925).

- **Cérémonial nocturne**, Thomas Owen ; Marabout Fantastique n° 242 ; rééditions : NéO Fantastique n° 177, 1986, Lefrancq, 1996.

- **Contes macabres**, Claude Seignolle ; Marabout Fantastique n° 244.

- **Le livre des fantômes**, Jean Ray ; Marabout Fantastique n° 247 ; rééditions : Le Masque Fantastique n° 25, 1979, NéO Fantastique n° 135, 1985, Lefrancq, 1997. (première édition : 1947).

1966 -1974

- **Harry Dickson**, Jean Ray ; Marabout Fantastique, 16 volumes ; rééditions : Librairie des Champs Elysées, 11 volumes, 1980-1981, NéO Club, 21 volumes, 1984-1986. (premières éditions : 1933-1940).

1967

- **Les récits cruels**, Claude Seignolle ; Marabout Fantastique n° 282.

1970

- **Le démon de février**, Gérard Prévot ; Marabout Fantastique n° 369 ; réédition : Bibliothèque du Fantastique, Fleuve Noir, 1998.

1972

- **La truie**, Thomas Owen ; Marabout Fantastique n° 394.

- **Han**, Jean- Paul Raemdonck ; Marabout Fantastique n° 400.

- **Contes d'horreur et d'aventures**, John Flanders (Jean Ray) ; 10/18.

- **Krouic**, Henri Vernes ; « Bob Morane » n° 113, Pocket Marabout.

1973

- **Histoires vénéneuses**, Claude Seignolle ; Marabout Fantastique n° 419.

- **Myrtis**, Daniel Mallinus ; Marabout Fantastique n° 433.

- **Celui qui venait de partout**, Gérard Prévot ; Marabout Fantastique n° 441 ; réédition : Le démon de février, Bibliothèque du Fantastique, Fleuve Noir, 1998.

- **Pitié pour les ombres**, Thomas Owen ; Marabout Fantastique n° 448 ; réédition : Lefrancq, 1996. (première édition : 1961).

1974

- **Contes sorciers**, Claude Seignolle ; Marabout Fantastique n° 465.

- **Le temps mort**, René Belletto ; Marabout Fantastique n° 474 ; réédition : J'Ai Lu SF, 1995.

- **La nuit du nord**, Gérard Prévot ; Marabout Fantastique n° 484 ; réédition : Le démon de février, Bibliothèque du Fantastique, Fleuve Noir, 1998.

- **Le pentacle de l'ange déchu**, Charles-Gustave Burg ; Marabout Fantastique n° 495 ; réédition : NéO Fantastique n° 36, 1981.

- **Bestiaire fantastique**, Jean Ray ; Marabout Fantastique n° 500.

- **Les murailles d'Ananké**, Henri Vernes ; « Bob Morane » n° 127, Pocket Marabout ; réédition : Le cycle d'Ananké, Lefrancq, 1992.

1975

- **Le rat Kavar**, Thomas Owen ; Marabout Fantastique n° 515.

- **La femme de Putiphar**, Gaston Compère ; Marabout Fantastique n° 519.

- **Le spectre large**, Gérard Prévot ; Marabout Fantastique n° 553 ; réédition : L'invitée de Lorelei, Bibliothèque du Fantastique, Fleuve Noir, 1999.

- **Les périls d'Ananké**, Henri Vernes ; « Bob Morane » n° 130, Pocket Marabout ; réédition : Le cycle d'Ananké, Lefrancq, 1992.

1976

- **Le chemin des abîmes**, Michel Treignier ; Marabout Fantastique n° 578.

- **Les anges d'Ananké**, Henri Vernes ; « Bob Morane » n° 134, Pocket Marabout ; réédition : Le cycle d'Ananké, Lefrancq, 1992.

1977

- **Celui qui pourrissait**, Jean-Pierre Bours ; Marabout Fantastique n° 625.

- **Derrière le mur blanc**, Eddy C. Bertin ; Marabout Fantastique n° 631.

- **Les caves d'Ananké**, Henri Vernes ; « Bob Morane » n° 141, Pocket Marabout ; réédition : Le cycle d'Ananké, Lefrancq, 1992.

1978

- **Les cercles de l'épouvante**, Jean Ray ; Le Masque Fantastique n° 2. (première édition : 1943).

1979

- **Le Grand Nocturne**, Jean Ray ; Le Masque Fantastique n° 14. (première édition : 1942).

- **Les plaines d'Ananké**, Henri Vernes ; « Bob Morane », Librairie des Champs Elysées ; réédition : Le cycle d'Ananké, Lefrancq, 1992.

1980

- **Les quatre saisons de la nuit**, Daniel Walther ; NéO Fantastique n° 20.

1982

- **Visages et choses crépusculaires**, Jean Ray ; NéO Fantastique n° 63.

1984

- **La gerbe noire**, Jean Ray ; NéO Fantastique n° 96. (première édition : 1947).

- **Visions nocturnes**, John Flanders (Jean Ray) ; NéO Fantastique n° 100.

- **Visions infernales**, John Flanders (Jean Ray) ; NéO Fantastique n° 103.

- **La croisière des ombres**, Jean Ray ; NéO Fantastique n° 106. (première édition : 1932).

- **La malédiction de Machrood**, John Flanders (Jean Ray) ; NéO Fantastique n° 122.

- **Cœur moite et autres maladies modernes**, Daniel Walther ; NéO Fantastique n° 125.

- **Contes crépusculaires**, Gérard Dôle ; Corps 9.

- **Les mystères de la Tamise**, Gérard Dôle ; « Harry Dickson » n° 1, Corps 9 ; réédition : Les exploits de Harry Dickson, Fleuve Noir, 1996.

1985

- **Les chemins étranges**, Thomas Owen ; NéO Fantastique n° 128 ; réédition : Lefrancq, 1996. (première édition : 1944).

- **La neuvaine d'épouvante**, John Flanders (Jean Ray) ; NéO Fantastique n° 134.

- **La brume verte**, John Flanders (Jean Ray) ; NéO Fantastique n° 151.

- **Terreur sur Londres**, Gérard Dôle ; « Harry Dickson » n° 2, Corps 9 ; réédition : Les exploits de Harry Dickson, Fleuve Noir, 1996.

1986

- **Les feux follets de Satan**, John Flanders (Jean Ray) ; NéO Fantastique n° 160.

- **Les contes du Fulmar**, John Flanders (Jean Ray) ; NéO Fantastique n° 171.

- **L'île noire**, John Flanders (Jean Ray) ; NéO Fantastique n° 182.

- **Catacombes**, Serge Brussolo ; Fleuve Noir Anticipation n° 1491 ; réédition : La nuit du venin, Bibliothèque du Fantastique, Fleuve Noir, 1999.

1987

- **La nef des bourreaux**, John Flanders (Jean Ray) ; NéO Fantastique n° 193.

1989

- **Le fantôme du British Museum**, Gérard Dôle ; « Harry Dickson » n° 3, Corps 9 ; réédition : Les exploits de Harry Dickson, Fleuve Noir, 1996.

- **Le village**, Daniel Walther ; Chimère n° 4, Phénix.

1990

- **Boulevard des banquises**, Serge Brussolo ; Présence du Fantastique n° 2, Denoël.

1991

- **Jack de Minuit**, Jean Ray ; Lefrancq.

1992

- **La dernière rosace**, Henri Vernes ; Le cycle d'Ananké, Lefrancq.

1994

- **La Ténèbre**, Thomas Owen ; Lefrancq.

1995

- **Gottesburg et autres lieux**, Daniel Walther ; Le Cri.

1998

- **Le rescapé du Fenris**, Jacques Van Herp ; Lefrancq.

- **Le roi sans visage**, Hervé Jubert ; « La Bibliothèque Noire » n° 1, Abysses n° 13, Librairie des Champs Elysées.

1999

- **La fête électrique**, Hervé Jubert ; « La Bibliothèque Noire » n° 2, Abysses n° 16, Librairie des Champs Elysées.

- **Sinedeis**, Hervé Jubert ; « Pierre Pèlerin » n° 1, J'Ai Lu SF n° 5194.

- **Les mandibules et les dents**, Daniel Walther ; Le Cabinet Noir, Les Belles Lettres.

2000

- **La chasse au spectre**, Alain Dartevelle ; La Renaissance du Livre.

- **In Media Res**, Hervé Jubert ; « Pierre Pèlerin » n° 2, J'Ai Lu SF n° 5435..

ANNEXE III : MARABOUT FANTASTIQUE
UNE BIBLIOGRAPHIE (1961 - 1977)

Le signe * indique une réédition ultérieure dans la collection NéO Fantastique.

n° 109- Edgar Poe, **Tous les contes**.
n° 114- Jean Ray, **Histoires noires et fantastiques**.
n° 142- Jean Ray, **Malpertuis**.
n° 166- Jean Ray, **Les derniers contes de Canterbury**.*
n° 172- Thomas Owen, **La cave aux crapauds**.*
n° 182- Bram Stoker, **Dracula**.
n° 194- Franz Hellens, **Les herbes méchantes**.
n° 197- Jean Ray, **Le carrousel des maléfices**.*
n° 199- Claude Seignolle, **La brume ne se lèvera plus**.
n° 203- Mary Shelley, **Frankenstein**.
n° 208- Jean Ray, **Les contes noirs du golf**.*
n° 215- Claude Seignolle, **La malvenue**.
n° 223- Jean Ray, **La cité de l'indicible peur**.*
n° 228- Alexandre Dumas, **Les mille et un fantômes**.
n° 230- Claude Seignolle, **Histoires maléfiques**.*
n° 234- Michel de Ghelderode, **Sortilèges**.
n° 237- Jean Ray, **Les contes du whisky,**
       suivi de La croisière des ombres.*
n° 242- Thomas Owen, **Cérémonial nocturne**.*
n° 244- Claude Seignolle, **Contes macabres**.
n° 247- Jean Ray, **Le livre des fantômes,**
       suivi de Saint-Judas-de-la-Nuit.*
n°s 248, 249- Frédéric Soulié, **Les mémoires du diable**, 2 tomes.
n° 250- Erckmann-Chatrian, **Hugues le Loup**.
n° 257- Marcel Béalu, **L'aventure impersonnelle**.
n°s 259, 265, 269, 275, 283, 292, 300, 309, 358, 371, 379, 389, 416, 437, 456, 488- Jean Ray, **Harry Dickson**, 16 tomes.*
n° 264- Gérard de Nerval, **Aurélia**.
n° 266- Jan Weiss, **La maison aux mille étages**.

n° 267- M.G. Lewis, **Le moine.**

n° 270- Marcel Thiry, **Nouvelles du grand possible.**

n° 279- Charles Robert Maturin, **Melmoth, l'homme errant.**

n° 282- Claude Seignolle, **Les récits cruels.**

n° 285- S. Minkov, **Asphalte.**

n° 306- Carlos Esteban Deive, **Le musée des diables.**

n° 314- Erckmann-Chatrian, **L'oreille de la chouette.**

n° 315- Honoré de Balzac, **Le centenaire.**

n° 320- Théophile Gautier, **Avatar.**

n° 322- Paul Féval, **Les drames de la mort.**

n° 324- Karel Capek, **La guerre des salamandres.**

n° 334- Hanns Heinz Ewers, **L'araignée.**

n° 337- H. Rider Haggard, **She.***

n° 347- Jean Sadyn, **La nuit des mutants.**

n° 354- Robert Bloch et Ray Bradbury, **Aux portes de l'épouvante.**

n° 363- Vernon Lee, **Les épées de l'effroi.**

n° 364- Robert Louis Stevenson, **L'étrange cas du Dr Jekyll et M. Hyde, suivi de Le diable dans la bouteille.**

n° 367- A. Pieyres de Mandiargues, **Soleil des loups.**

n° 368- Alexandre Dumas, **Le meneur de loups.**

n° 369- Gérard Prévot, **Le démon de février.**

n° 374- Marcel Brion, **Les escales de la haute nuit.**

n° 385- Honoré de Balzac, **L'élixir de longue vie.**

n° 387- Gustav Meyrink, **Le Golem.**

n° 392- Vladimir Colin, **Le pentagramme.**

n° 393- Oscar Wilde, **Le fantôme des Canterville.**

n° 394- Thomas Owen, **La truie.**

n° 396- Selma Lagerlöf, **Le charretier de la mort.**

n° 398- Kingsley Amis, **L'homme vert.**

n° 400- Jean- Paul Raemdonck, **Han**, Prix Jean Ray 1972.

n° 402- Marcel Béalu, **Mémoires de l'ombre.**

n° 404- Alfred Kubin, **L'autre côté.***

n° 406- Isaac B. Singer, **Le dernier démon.**

n° 408- Paul Féval, **Le Chevalier Ténèbre.**

n° 412- Henry James, **Le tour d'écrou.**

n° 419- Claude Seignolle, **Histoires vénéneuses.**

n° 422- André de Richaud, **La nuit aveuglante.**

n° 425- Robert Bloch, **Parlez-moi d'horreur.***
n° 428- B.R. Bruss, **Le tambour d'angoisse.***
n° 433- Daniel Mallinus, **Myrtis**, Prix Jean Ray 1973.
n° 441- Gérard Prévot, **Celui qui venait de partout.**
n° 445- Marcel Schwob, **Le roi au masque d'or.**
n° 448- Thomas Owen, **Pitié pour les ombres.**
n° 451- Gustav Meyrink, **La nuit de Walpurgis.**
n° 454- Nathaniel Hawthorne, **La vieille fille blanche.**
n° 459- Villiers de l'Isle-Adam, **Tribulat Bonhomet.**
n° 462- Monique Watteau, **La colère végétale.**
n° 464- Guy de Maupassant, **Contes fantastiques complets.**
n° 465- Claude Seignolle, **Contes sorciers.**
n° 469- Donald Wandrei, **Cimetière de l'effroi.***
n° 472- B.R. Bruss, **Nous avons tous peur.***
n° 474- René Belletto, **Le temps mort**, Prix Jean Ray 1974.
n° 476- Evangeline Walton, **Maison des sorcières.***
n° 479- H. Rider Haggard, **Aycha.***
n° 484- Gérard Prévot, **La nuit du nord.**
n° 486- Ethel Mannin, **Lucifer et l'enfant.**
n° 490- Kurt Steiner, **Les pourvoyeurs.**
n° 495- Charles-Gustave Burg, **Le pentacle de l'ange déchu.***
n° 500- Jean Ray, **Bestiaire fantastique.**
n° 504- Arthur Machen, **Le peuple blanc.**
n° 511- Patricia Squires, **Le fantôme dans le miroir.**
n° 515- Thomas Owen, **Le rat Kavar.**
n° 519- Gaston Compère, **La femme de Putiphar**, Prix Jean Ray 1975.
n° 520- Dennis Wheatley, **Toby Jugg le possédé.**
n° 538- Frank Belknap Long, **Le gnome rouge.***
n° 543- **Quatre histoires de zombi.**
n° 548- August Derleth présente, **Huit histoires de Cthulhu.**
n° 553- Gérard Prévot, **Le spectre large.**
n° 558- Kurt Steiner, **L'envers du masque.**
n° 560- Jerome Bixby, **Appelez-moi un exorciste.**
n° 564- Oscar Wilde, Le portrait de Dorian Gray.
n° 567- Maurice Renard, **Le docteur Lerne.**
n° 574- Ponson du Terrail, **La baronne trépassée.**

n° 578-   Michel Treignier, **Le chemin des abîmes**, Prix Jean Ray 1976.

n° 589- Robert Chambers, **Le roi de jaune vêtu**.

n° 596- James Hogg, **Confession du pécheur justifié**.

n° 597- Bram Stoker, **Le joyau des sept étoiles**.*

n° 621- Christine Renard**, La mante au fil des jours**.

n° 625- Jean-Pierre Bours, **Celui qui pourrissait**, Prix Jean Ray 1977.

n° 628- B.R. Bruss, **Le bourg envoûté**.

n° 631- Eddy C. Bertin, **Derrière le mur blanc**.

n° 634- Frank Belknap Long, **Le druide noir**.

n° 636- Donald Wandrei, **L'Œil et le doigt**.*

JEAN RAY.

TIGER JACK, DIT JEAN RAY : ENTRETIEN PARMI LES PIRATES ET LES FANTÔMES

En me pressant vers ma destination, qui, à ce moment là, me semblait des plus incertaines, j'étais sûr que je ne serais jamais à l'heure à mon rendez-vous. L'absence de tout sens d'orientation qui m'avait déjà valu d'autres situations ennuyeuses ou cocasses, ajoutée à une brume incroyable baignant un décor qui ne m'était pas familier, en était responsable. Bien évidemment, en y réfléchissant bien, il était ridicule de m'aventurer dans le Vieux Port à la tombée de la nuit. Mais la rencontre que je devais y faire valait les risques de l'expédition. Je devais retrouver quelqu'un qui l'avait connu ! Et la « profession » de mon interlocuteur me permettrait, je le pressentais, de lever le voile sur un aspect mystérieux de l'écrivain qui m'intéressait.

Mais pour l'instant, j'étais bel et bien perdu, errant dans la brume, me repérant aux lanternes pour éviter de disparaître dans l'eau du port. J'avais bien en tête le nom du bar, et il n'en manquait pas, de bars, apparaissant tour à tour aussi soudainement les uns que les autres ; mais jamais le bon. J'avais une demi-heure de retard lorsque je le trouvais enfin, un peu à l'écart de toute habitation (en effet, les lanternes étaient plus rares depuis un bon moment). J'entrai, et fut aussitôt surpris du changement d'univers. A l'extérieur, le brouillard étouffait tout bruit, y compris ceux qui régnaient à l'intérieur du bouge. Et Dieu sait s'il était bruyant ! Une foule de marins, déjà bien partis, s'y injuriaient, tantôt violemment, tantôt gaiement, et parmi tous ces gars aux mines patibulaires, la violence couvait, ne demandant qu'à exploser. Heureusement, mon… « contact », si je puis dire, était toujours là. Il n'avait fait montre d'aucun intérêt à mon entrée, mais je sentais qu'il m'avait repéré. J'allais commander deux whiskies au comptoir, puis m'installais face à lui. Vieux ; ou plutôt une impression d'ancienneté, voilà ce qu'il dégageait. Sinon, il avait bien l'allure du marin. Un visage ridé, taillé à la serpe, mangé par la barbe, d'où jaillissaient deux yeux perçants ; un regard d'aigle.

— C'est bien vous le journaleux qui voulait me faire parler de Jack ?
C'était, je le savais, le nom sous lequel l'écrivain était connu dans
ce… milieu. Le ton ironique qu'avait employé le gars ne m'avait pas
échappé mais je passai outre ; j'avais trop besoin de lui.
— C'est ça. L'homme, Raymond Jean Marie de Kremer, l'écrivain,
Jean Ray, le marin, Tiger Jack. Les trois, ou du moins ce que vous en
connaissez…
— Pardi ! Même les marins que nous sommes connaissons l'écrivain.
Que croyez vous ? Que nous sommes tous des illettrés ?

Je protestai, un peu faiblement, voulant éviter toute marque
d'hypocrisie qui serait encore plus mal perçue. Des marins lettrés, et
pourquoi pas ? L'œuvre de l'écrivain en regorgeait. « *Je ne suis pas
une brute et vous n'êtes pas le seul à avoir de l'instruction ; j'ai mon
brevet de capitaine caboteur.* » (¹)
— Jack lui- même savait bien de quoi il parlait. Son premier livre sent
la mer. **Les contes du whisky** qu'il s'appelait. Quel beau titre, non ?
Je me retins de sourire — il m'avait l'air des plus susceptibles, et
passai une seconde commande. Mais il n'avait plus besoin d'alcool
pour se lancer. « *Si vous aviez la véritable amabilité de remplacer la
pinte d'ale aigre par un verre de whisky honorable, je crois que je
me laisserais tenter par votre invitation. Mais promettez de ne rien
me demander…* » (²). La situation convenait parfaitement au sujet,
pensai-je en souriant. Peut-être aurai-je dû y réfléchir à deux fois ; et
alors je n'aurai certainement pas souri.
— **Les contes du whisky** ! Tous ces marins se retrouvant de bar en
bar pour partager le mystère de la mer, ces histoires qui paraîtraient
ridicules en tout autre endroit…
— Excusez- moi, Mr Jones (c'était le nom du marin, du moins celui
qu'il m'avait donné), mais avant **Les contes du whisky** ? L'homme
n'est pas né en même temps que son bouquin ?
— Dites donc, M. le journaleux, qui est-ce qui raconte, vous ou moi ?
Si mon histoire ne vous plaît pas, vous n'avez qu'à la finir vous-même !
Ciel, quel emporté ! Le recueil en question est paru en 1925, Jean Ray
avait alors trente huit ans. Il ne me restait plus qu'à espérer que mon

1   j. Ray, **le psautier de mayence**.

2   j. Ray, **irish whisky**.

marin reviendrait sur ces trente huit années.

— Tous les fantômes de la mer y revenaient, dans ce bouquin, se venger des promoteurs avides qui avaient provoqué leur mort par rapacité. Des usuriers, juifs comme il se doit, y étaient punis d'atroce manière de leur avarice. Et le Destin s'y montrait toujours doux pour les rebuts de la société. Car Jack se reconnaissait dans tous ces Bobby Moos.

— La rumeur est donc vraie ?

— Quelle rumeur ? Celle qui fait de Jack un escroc ? Ou celle du pirate ? Qu'avait- il été avant ces **Contes du whisky** ?

Nous y voilà !

— Un fieffé gredin, qui n'éprouvait aucun respect pour la loi. Rappelez-vous, c'était la prohibition, une loi qui pour beaucoup paraissait injuste. Pensez-donc, interdire l'alcool ! Pour n'importe qui vivant à notre époque, cette loi paraît disproportionnée ; surtout par rapport à ce qui se passe maintenant. Donc, les gangsters et les contrebandiers de l'époque ont pour vous un petit côté… romantique. Et pour tous les malheureux, les voyous, les laissés-pour-compte de ce temps, ils n'étaient pas loin d'être des héros.

« *Le navire qu'on venait d'assassiner était un fraudeur, un contrebandier de la Row (...). Sans doute sa cale regorgeait de whisky et de rhum ; ces deux grands consolateurs de la misère des humbles que des parlementaires névrosés et pourris de vices avaient chassés du pays au mépris de la grande voix du peuple.* » [3]

— Jack était un de ces contrebandiers faisant commerce du rhum au nez et à la barbe des douaniers…

— Et à quel moment a t-il exercé cette activité ? Sa biographie officielle ne la mentionne pas.

— C'était au milieu des années vingt, et ça a été la matière de son premier livre. C'est lui-même qui intervient dans **Le nom du bateau, Mon ami le mort**, et d'autres textes.

Diable ! Ainsi ces courtes nouvelles, tranches de vie d'une moralité douteuse, avaient valeur autobiographique. Notre Jack n'était que

---

3   j. Ray, **il y avait une poupée à bord…**

contradictions. Fonctionnaire, il a travaillé pour la commune de Gand de 1910 à 1919, et nous le retrouvons donc contrebandier en 1924. Etudiant plutôt doué, jusqu'à s'inscrire à l'examen d'entrée à l'Ecole Normale (1904-1906), il est chansonnier trois ans plus tard ; il épousera d'ailleurs une actrice de la revue en 1912 (carrière de chansonnier menée en parallèle de son travail pour la commune). Toujours à la même époque (!), il est journaliste, les reportages succédant aux critiques de livres, lui-même n'hésitant pas à « faire » l'écrivain. **Le voleur** paraît dans **Gand XXe siècle** en 1911, et **Sur la route** en 1912. Sa carrière d'aventurier se limite peut-être à ces fictions et à sa carrière journalistique. Sinon, l'aventurier qui apparaît dans **Les contes du whisky** est un gredin à la conception particulière de l'honneur, n'hésitant pas à recourir au meurtre. Et une certaine propension à l'humanisme (**Un conte de fées à Whitechapel, La dette de Gumpelmeyer**) est contrebalancée par un antisémitisme marqué (« *Sullivan nous rappela que Sol Pans était juif, et que cela nous porterait sûrement malheur de donner une sépulture chrétienne à un être issu de cette race honnie par le Seigneur.* » ([4]). Et même cet humanisme est tempéré par un humour très noir (**La fortune d'Herbert**, où un malheureux, en se jetant dans le vide, tue un passant, obtenant la gratitude du neveu qui allait être déshérité, et donc la fortune ; **La bonne action**, qui cause mort d'homme, le cœur du malheureux bénéficiaire ne résistant pas à la joie). Le caractère douteux de l'aventurier se retrouve dans les textes de l'écrivain, où le voyou est favorisé par rapport à l'honnête homme.

— Ce fut ensuite la fameuse « affaire », le scandale ?, demandai-je alors au marin.

— Vrai, le scandale. Il fallait bien que cette histoire de contrebande lui retombe dessus, à ce vieux pirate...

— Pourtant, il a plus souvent été évoqué l'affaire d'escroquerie qu'une quelconque histoire de contrebande ou de piraterie. La contrebande n'est évoquée que de loin.

— Jack n'était pas un escroc ! Disons que cet argent devant servir à la contrebande a été dilapidé, et les gains n'ont pas suffi au remboursement du prêt ; même les brigands peuvent commettre des erreurs de gestion !

4   j. Ray, **entre deux verres.**

« *J'ai vu également avec une joie singulière que la* **Revue Belge** *annonce une œuvre de Wilde pour un numéro prochain. Wilde, qui connut la geôle et l'amère coupe de l'injure des hommes qui jugent et la muette fureur des hommes qu'on enchaîne, Wilde n'est-il pas un peu mon frère-loup ?* ». ([5])

— Cette affaire lui a permis de se poser en héros romantique, non ? En victime de la société, dans la lignée de Jean Valjean, Edmond Dantès, et tant d'autres.

— Foutaises ! Et c'est pire maintenant qu'à l'époque ! Avec tous vos politiciens véreux, vos associations pour la Protection des Gredins, et vos psychiatres qui prétendent que les assassins ne sont que des victimes, et que leurs victimes ont leur part de responsabilité dans leur mort ! Foutaises ! Nous autres, gredins, on ne va pas faire la fine bouche : c'est très bien qu'on soit si bien protégés. Mais tout leur jargon, leurs explications, c'est des foutaises. La vérité, c'est que c'est bien plus facile de prendre ce qu'on veut quand on en a envie que de devoir travailler pour l'avoir. C'est mieux quand quelqu'un d'autre (le bon citoyen) a bossé pour ses sous, et de les lui prendre après. Même un contrebandier n'est pas un héros romantique, œuvrant pour soulager « *la misère des humbles* ».

C'était bien la première fois que je voyais un gredin revendiquer haut et fort sa condition de gredin, et refuser l'héritage mythique d'un Robin des Bois. Je décidai de replacer toutefois la situation dans son contexte, et notamment littéraire.

— Il faut tout de même se rappeler que cette affaire se déroulait dans les années vingt (le procès a eu lieu en 1926-27). Elle n'était pas loin, l'époque des grands criminels romantiques de la littérature, brigands et justiciers à la fois, les Rocambole, Arsène Lupin, Chéri-Bibi, voire Fantômas. Il n'y a pas de personnages de ce type dans la littérature contemporaine.

— Très vrai, ça aussi. Comment vous les appelez, ces petits bouquins à quelques sous ?

— La littérature populaire.

— C'est ça. Jean Ray, c'est la limite entre la littérature populaire et la

5   lettre à p. Gœmaere, 1927, reprise dans **jean ray, l'archange fantastique**, j.b. baronian, f. Lévie (librairie des champs elysées, 1981).

littérature fantastique. Surtout avec…
— Harry Dickson !
— Eh oui, Harry Dickson. J'ai connu Jack en prison, c'est à cette époque qu'il a été contacté pour recréer Harry Dickson…
Bon sang, quel âge a ce type ? Le séjour en prison remonte aux années 1927-29, si les dates correspondent bien avec la « naissance » de Dickson, ça fait tout de même quelques soixante dix ans !
— Lorsque vous parlez de recréer Dickson, vous voulez dire reprendre la série de traductions destinées au public francophone ?
— Non, non ! Je parle bien de création. Quoi qu'on en dise, Jack a bel et bien créé Harry Dickson.

Je me gardai bien de contredire mon bonhomme ; la légende a la vie dure, et elle est si belle. Le créateur de Bob Morane, un de ses grands amis, aimait voir en Ray le « père » de Harry Dickson. Et pourquoi pas ? La première histoire qui lui soit attribuée « officiellement » parut début 1931, **L'ermite du marais du diable**, et cela faisait déjà un an qu'il effectuait un travail de traducteur sur la série. Mais de toute manière, toutes les aventures de Harry Dickson, qu'elles soient de lui ou d'un autre, étaient anonymes. Et qu'il fut ou non le premier traducteur de Harry Dickson (pour le public français, 1929), ou, encore plus improbable, son premier rédacteur (pour le public néerlandais, 1927), il n'avait pas créé le personnage. Celui-ci était né en… 1907, et s'appelait en réalité… Sherlock Holmes ! Un Sherlock Holmes créé tout aussi anonymement, pour le public allemand, et qui ne tarda pas à perdre son nom, n'étant pas autorisé par les héritiers de Conan Doyle. C'était cette longue série intitulée ensuite **Les dossiers secrets du roi** des détectives qui fut adaptée aux Pays-Bas sous le titre **Harry Dickson, le Sherlock Holmes américain**, permettant ainsi au héros d'obtenir un nouveau nom.
— D'ailleurs, continuait mon marin, Jack n'avait-il pas coutume de dire : « Harry Dickson, c'est moi ! » ([6]). Et n'allez pas me dire qu'il ne s'agissait que d'une simple formule !
— Bah, qui peut le dire ? Tous ces textes étaient anonymes…
— Ce qui lui convenait très bien ! Son nom n'était pas en odeur de sainteté dans le milieu littéraire, depuis l'affaire. Tous ses textes de

---

6   régulièrement cité par h. Vernes.

l'époque étaient publiés sous pseudonyme. Exit donc Jean Ray, c'est à cette époque que renait John Flanders.

En effet, la période d'activité la plus intense de Jean Ray, à l'époque, avait duré de 1920 à 1925, d'abord pour **Le Journal de Gand** (1920-23), puis pour **L'Ami du Livre** (1923-25). Dans les deux cas, le nom de Ray avait disparu faute de support. Celui de Flanders apparut en 1929 dans les pages de **La Revue Belge**. Apparut. Car bien que Ray le présenta comme un pseudonyme utilisé jadis en Flandre mais oublié, il venait en réalité de l'inventer.
— En prison, Jack m'avait dit combien il était reconnaissant à Pierre Gœmaere. Avant d'être auteur pour **La Revue Belge**, Jack en avait été un fervent lecteur et un admirateur inconditionnel. Les lettres et la confiance de l'éditeur l'ont aidé à tenir le coup. Ça lui a fait un peu oublier l'échec de son second bouquin, mort avant de naître.

En août 1925, **L'Ami du Livre**, dans son dernier numéro, annonçait la parution prochaine de **Histoires de la Rum-Row**, à la Renaissance du Livre (l'éditeur des **Contes du whisky**). Ce livre de Jean Ray ne parut jamais. En mars 1926, l'« affaire » débutait. Ceci expliquait- il cela ? Le second recueil de Jean Ray sortit en décembre 1931, sous le titre **La croisière des ombres**.
— Avouez que c'est curieux : **La croisière des ombres** marquait le retour de la signature Jean Ray, alors que visiblement c'était du pur Flanders, ce romancier né en 1929. Les histoires de vengeances posthumes de marins s'effaçaient devant des récits autrement plus terrifiants. La mer ne disparaissait pas totalement mais passait à l'arrière- plan d'un autre monde caché derrière les apparences, au-delà de notre compréhension du nôtre. **La présence horrifiante, Le dernier voyageur, Dürer l'idiot, Le Psautier de Mayence**. Quatre histoires initialement parues dans **La Revue Belge** : on peut dire que sur le plan créatif, la prison avait fait du bien à ce cher Jack !
— Est- ce à dire que le marin s'efface au profit du conteur ?
— Sûr, et aussi au profit du lecteur. La même trame se retrouve dans les quatre histoires : des lieux d'apparence anodine, une tourbière, un hôtel de station balnéaire, une tranquille maison, un navire, mais qui sont hantés par des êtres étranges et étrangers ; car chacun de ces

lieux est une porte sur ailleurs. Vous savez, comme chez cet écrivain américain ; et aussi cet Anglais, Hodgson, que Jack avait lu et admiré pendant son séjour aux frais du roi, dans **La Revue Belge**. C'est ainsi que le lecteur des **Spectres-pirates** est devenu l'auteur du **Psautier de Mayence**, et de toutes les nouvelles qui composent **La croisière des ombres**…

Le temps de vider un troisième verre, et il reprenait :
— Donc, je vous disais, **La croisière des ombres**, c'est le retour de Jean Ray. Mais John Flanders n'est pas mort. En 1931, il entre à l'abbaye d'Averbode ; ça me fait toujours rire d'y penser. Pour les curetons, il a écrit plein d'histoires, d'abord en néerlandais puis également en français, destinées à la jeunesse. Des récits édifiants, bien sûr. Le brigand ! Il a eu bien du mal à museler son goût pour l'horreur et le fantastique…
— Comme dans **Harry Dickson**, d'ailleurs, le coupai-je. Cette série aussi était destinée à la jeunesse, donc le fantastique y était proscrit, censure oblige. L'ambiance était fantastique, le mystère planait, mais tout était finalement rationalisé. En fin de compte, **Harry Dickson** n'est guère plus fantastique que **Sherlock Holmes**, et beaucoup moins que **John Silence, Carnacki** ou **Jules de Grandin**.
— **Harry Dickson**, **La Revue Belge**, les éditions Altiora d'Averbode. La productivité de Jack est incroyable pendant les années trente, que ce soit anonymement, ou sous les signatures de Ray ou Flanders. Surtout qu'à partir de 1936 il écrit aussi dans un nouveau magazine, Bravo. Encore des récits pour la jeunesse, et en néerlandais. Donc signés John Flanders.

Je relisais mes notes. **Bravo**, 1936-1940. Une revue de BD dans le style de **Tintin** ou **Mickey**. Ce qui nous permet de retrouver la signature de Flanders au bas de nouvelles, mais aussi au générique de… bandes dessinées, comme scénariste ! Une nouvelle activité, une de plus, à l'actif de notre écrivain.
— Puis ce fut la guerre. Et presque tout s'est arrêté, interdit par l'occupant. Les Presto-Films d'Averbode en 1939, **Harry Dickson** et **Bravo** en 1940. **La Revue Belge**, c'était déjà du passé. Mais avant ça, Jack s'était lancé une seconde fois à la conquête de l'Ouest. Plus

question d'œuvrer illégalement sur le territoire américain, en tant que contrebandier. Cette fois, c'était officiellement, en tant qu'écrivain, et les éditeurs américains faisaient appel à lui.

Et non des moindres : **Terror Tales** en 1934, et surtout, et à quatre reprises en 1934-35, le mythique **Weird Tales**. A partir de ce moment, le nom de John Flanders (nom, tout de même plus « américain » que Jean Ray, sous lequel il est connu aux Etats-Unis) figurerait à plusieurs reprises au sommaire d'anthologies américaines, aux côtés des maîtres anglo-saxons du genre. Parmi les exemples les plus récents, l'énorme anthologie de David G. Hartwell, **Foundations of Fear** (1992), où figurait **The Shadowy Street**, ce chef d'œuvre des histoires de mondes intercalaires qu'était **La ruelle ténébreuse** (sommet du recueil **La croisière des ombres**).

— Pour l'occasion, Jack s'était rendu là-bas ; vous savez, pour le contrat. Il espérait y rencontrer surtout ce romancier américain qui écrivait sur les mêmes sujets fantastiques. Hélas, il ne put le voir. Plus tard, ce fut trop tard… Les années qui avaient suivi l'échec commercial de **La croisière des ombres** avaient été marquées par la publication d'un nombre incroyable d'histoires dans une foule de revues. Les années 1942 - 44 furent celles du retour en librairie de Jean Ray : **Le Grand Nocturne, Les cercles de l'épouvante, Malpertuis, La cité de l'indicible peur,** Les derniers contes de Canterbury.
— **Le Grand Nocturne** fait directement suite à La croisière des ombres, en en reprenant le thème principal, qui est aussi celui de l'œuvre de H.P. Lovecraft : aux endroits les plus quelconques de notre univers quotidien s'ouvrent des portes sur d'autres dimensions, hantées par de terrifiants êtres qui en profitent pour fouler notre monde.
— En réalité, Le Grand Nocturne est plus qu'une suite à **La croisière des ombres**, c'en est une nouvelle version, reprenant certains des mêmes textes, preuve que Jack tenait énormément à ce thème. Ce qui nous vaut trois chefs d'œuvre dans un même livre, dont un seul inédit (qui donne son titre au recueil) : **Le Grand Nocturne, La ruelle ténébreuse, Le Psautier de Mayence.** Théodule Notte, le personnage principal du **Grand Nocturne**, peut passer d'une dimension à l'autre, tout comme le narrateur anonyme de **La ruelle ténébreuse**. Tous deux

ignorent que ce n'est ni un hasard, ni un don, mais le fruit de l'hérédité. Ils sont liés par le sang à cette autre dimension, mais ils l'ignorent. Ils n'appartiennent pas entièrement à notre monde, puisqu'ils appartiennent aussi à l'univers fantastique ; ce sera leur perte...

Le vieux marin s'arrêta de parler, me jeta un regard noir. Je remarquai alors que son verre était vide, et lui commandai un autre verre, m'abstenant de lui tenir compagnie.

— Où en étais-je ? Ah oui. Théodule Notte habitait le quartier du Ham, ce quartier où le jeune Kremer a lui aussi vécu, ses huit premières années. De là à penser qu'il y a un peu de Jean Ray en Théodule Notte, que notre auteur aussi a découvert la porte du monde invisible. Mais attention, un peu seulement ! Notte est trop falot, il est dépassé par les événements ; Jean Ray, lui, les domine.

— Peut-on dire aussi que l'on retrouve un peu de la famille de Jean Ray dans celle de Théodule Notte ?

— C'est ma foi possible. Une famille de la petite bourgeoisie, à la vie tranquille et bien réglée, où l'aventure n'était pas destinée à entrer, à priori ; telle est celle où a vécu le jeune Notte. Telle fut celle du jeune Kremer, son père travaillant à la gare maritime de Gand, sa mère institutrice, puis directrice d'école ; lui-même se destinait à l'enseignement mais y échoua, avant de se retrouver commis pour la commune de Gand. Il est vrai que son oncle maternel appartenait au Conseil Municipal ; cela aide. Le dérapage a vraisemblablement eu lieu lorsqu'il eut vingt ans, à l'Université de Gand. Son nom figure dans l'almanach annuel de la société des étudiants libéraux, ainsi que ses premiers poèmes et nouvelles.

« Ma petite fille Lulu a des yeux noirs comme la nuit qui s'avance, ses cheveux coulent comme les ténèbres d'une nue nocturne. Elle est grave et très belle : son arrière grand-mère était une squaw d'une tribu perdue du Dakota, et elle fut certainement sorcière aux journées menaçantes de sa jeunesse. » ([7])

— Lucienne de Kremer est née en 1913, et son père lui donna la vedette en 1943 dans son recueil **Les cercles de l'épouvante**. L'enfant était déjà, disait-il très fier, une petite sorcière ; comme bien des enfants,

7   (7) j. Ray, **les cercles de l'épouvante.**

elle connaissait la magie simple de la nature. Mais lui-même, bien qu'il se gardât de le dire, n'était-il pas, non seulement un pirate, mais aussi un sorcier ? Il connaissait la magie des mots mieux que personne. Et toujours en 1943, Jean Ray a écrit ses deux seuls romans, **La cité de l'indicible peur** et **Malpertuis**.

Je m'étonnai :
— Je croyais que Jean Ray avait écrit plusieurs autres romans ?
— Pas du tout, c'était un autre, c'était John Flanders. Flanders n'est pas né pendant la disgrâce de Jean Ray, il est né en 1931, quand Flanders est redevenu Ray.
— Dites-moi, savez-vous ce qui a amené Jean Ray, ce nouvelliste, à écrire deux romans ?
— Qui sait ? L'occasion ? Ce qui est sûr, c'est qu'il avait l'imagination suffisante pour écrire une histoire de la taille d'un roman. Mais il fallait écrire vite, le plus vite possible (d'où des histoires courtes), et il était plus facile de placer des histoires auprès des revues que des éditeurs (qui n'acceptaient que des valeurs sûres). Un roman lui aurait pris plus de son temps, le privant des revenus que la parution de nouvelles dans le même temps lui aurait procurés. Beaucoup d'écrivains fantastiques (et donc populaires) américains de l'époque écrivaient aussi des nouvelles pour les revues plutôt que des romans destinés à une hypothétique parution en librairie. Lovecraft, par exemple. Ou Robert Bloch. **La cité de l'indicible peur** lui permet d'écrire une aventure de Harry Dickson, non seulement de la taille d'un roman, mais aussi signée de son nom.
— Seulement, Harry Dickson n'y figure pas ?
— Non, mais tout y est, l'enquête, le mystère, l'ambiance fantastique. Le détective qui mène l'enquête est membre de Scotland Yard, ce n'est pas rien. Des types redoutables que nous autres préférons éviter. Mais celui-là, on ne l'aurait pas craint, on l'aurait même eu à la bonne. Les liens familiaux et la chance, c'est ce qui lui permettait d'être là où il était. De là à résoudre un mystère…
— Harry Dickson se serait arraché les cheveux en le voyant procéder !
— Pour sûr ! En fait, ce brave Triggs rappelait un peu l'inspecteur Lestrade que Sherlock Holmes aidait parfois.

Sauf que Triggs n'avait pas l'arrogance de Lestrade, arrogance que Holmes savait manipuler à son avantage. Triggs était un bon bougre, tout à fait falot. Personne n'aurait pu mieux l'incarner que Bourvil, son interprète dans le film de Jean Pierre Mocky (1964), qu'un distributeur imbécile rebaptisa **La grande frousse**, pour ne pas effaroucher le public habituel de l'acteur, habitué aux rôles comiques.

Malpertuis ! Vous dîtes ? Je dis : Malpertuis. Qu'est ce que c'est ? Une demeure. Et où est-elle, cette demeure ? Partout... et nulle part. Enfin, qu'est-ce qu'elle a cette demeure ? Elle fait peur !... ([8]). Voici comment le créateur de Fantômas aurait pu présenter une des plus célèbres maisons de la littérature fantastique, voisine dans l'horreur de celles de Poe, Jackson ou King.
— Dans **Malpertuis** aussi il y a un peu de Jean Ray. « *Ton grand-père Anselme Grandsire — M. Anselme comme on l'appelait au temps jadis — était un fameux coquin!* » ([9]). Rien d'étonnant à ce que la famille de sa mère, les Anselme (au nombre desquels on comptait une personnalité politique), ait peu apprécié le roman, pour tout ce qui y est lié à cette famille Grandsire ! Jean Ray faisait ainsi de ses ancêtres dans la lignée maternelle des pirates ayant pactisé avec le « diable », après avoir transformé en sorcière dakota une grand-mère paternelle pourtant née près d'Anvers (dans **Les cercles de l'épouvante**). Jean Ray intervient lui-même dans l'histoire, dans la double position curieuse de personnage/spectateur, et en tant qu'élément extérieur à la famille Grandsire (façon de représenter la distance affective entre lui et ce côté de sa famille). « *L'affaire du couvent des Pères Blancs ne fut pas mauvaise. J'aurais pu faire main basse sur bien des choses précieuses mais, pour être un indévot, je ne suis pas un incroyant et l'idée seule de m'emparer d'objets du culte, même s'ils sont d'or et d'argent massifs, m'emplit d'horreur.* » (9)
— L'anonyme narrateur de **Malpertuis** (ou plutôt un de ses narrateurs), c'est donc Jean Ray ? Encore un personnage de coquin ! Un coquin à

---

8   le texte original, du premier épisode de **fantômas**, était : « fantômas ! — vous dites ? — je dis... fantômas. — cela signifie quoi ? — rien... et tout. — pourtant qu'est-ce que c'est ? — personne... mais cependant quelqu'un. — enfin, que fait-il ce quelqu'un ? — il fait peur... ».
9   j. Ray, **Malpertuis**.

principes et qui respecte l'Eglise !

— Et alors ? Coquin et croyant, il n'y a rien de contradictoire. Deux voleurs tenaient compagnie à Jésus sur la croix. Pour Ray, les brigands n'étaient que les laissés-pour-compte de la société, et la formule « les derniers seront les premiers » s'appliquait sans restriction. Mais Jean Ray ne se faisait pas d'illusions sur les hommes au service de Dieu, des hommes avant tout. M. Anselme de **Malpertuis** est accompagné d'un prêtre, renégat et assassin ; rien de sympathique ni de pardonnable dans ce coquin. Toutefois, la foi en Dieu triomphe de tout, et même les dieux de l'antiquité qui n'appartiennent pourtant pas à notre religion fuient devant Sa lumière.

« Place au vrai Dieu ! Arrière les fantômes de l'enfer ! (...) Quelque part dans un espace irréel, je vis d'énormes et de repoussantes choses mortes fuir comme des nefs sous la tourmente. » (9)

— Mais aussi, n'oublions pas que Jack, coquin ou non, était d'abord marin. Les marins risquent trop souvent leur vie pour ne pas croire en Dieu !

Malpertuis, tout comme **La cité de l'indicible peur**, fit l'objet d'une adaptation cinématographique, en 1972. Le film, malgré ses qualités, s'éloignait énormément du roman, en supprimant de nombreux passages. Du rôle de la religion au point de vue psychanalytique, Harry Kümel (réalisateur et co-scénariste) tenait un discours diamétralement opposé à celui de l'écrivain. Par rapport à l'œuvre littéraire, le film perdait en angoisse ce qu'il gagnait en logique (par exemple en rendant les dieux païens insensibles au pouvoir du dieu chrétien).

— Cette période faste se termine sur une déception, je trouve. **Les derniers contes de Canterbury** ressemble à une désastreuse tentative de roman.

— Vous pensez donc que **Les derniers contes de Canterbury** était voulu par son auteur comme un troisième roman après **La cité de l'indicible peur** et **Malpertuis**, un roman composé de nouvelles disparates, parfois déjà anciennes, qui lui aurait donc permis une fameuse économie de temps ?

— Vous ne trouvez pas que cette façon de relier artificiellement des nouvelles, par l'utilisation de narrateurs/acteurs/conteurs assurant la jonction, rappelle **Malpertuis**, composé de manuscrits et témoignages divers ?

— Pas du tout ! Enfin, un peu, mais vous êtes à côté de la question, M. le journaleux ! Pour une fois que vous émettez une idée, elle est fausse ! Vous prêtez à Jack — Jean Ray, en l'occurrence — une intention qu'il n'a pas eu. Ce n'était pas un moyen facile de publier un nouveau roman, mais — et vous avez d'ailleurs employé le mot — le rappel que l'auteur, plus qu'un romancier ou un nouvelliste, était d'abord un conteur. Et ce recueil se présente comme les séries d'histoires contées jadis à la veillée. Ces passages de liaison ne sont pas là pour faire des **Derniers contes de Canterbury** un roman. D'ailleurs, déjà dans ses premiers recueils, Jean Ray manifestait l'intention de leur donner une certaine homogénéité : la subdivision des **Contes du whisky** en « contes du whisky » et « histoires dans le brouillard », le prologue et l'épilogue servant de fil conducteur aux **Cercles de l'épouvante**. Quant à l'utilisation de sources diverses pour une même histoire (plusieurs nouvelles, plusieurs manuscrits), elle peut rendre l'ensemble homogène (**Malpertuis**) ou plus hétérogène (**Les derniers contes de Canterbury**), elle n'est en aucun cas limitée aux romans : elle se retrouve dans des nouvelles, comme **La ruelle ténébreuse**.

Je restai sur mes positions :

— Ce qui est sûr, c'est que par rapport aux quatre recueils précédents de Jean Ray, Les derniers contes de Canterbury contient essentiellement des textes mineurs. Il n'y a aucun chef d'œuvre dans la tradition de La ruelle ténébreuse, Le Psautier de Mayence, Le Grand Nocturne ou Le cimetière de Marlyweck.

— Sans doute. C'est d'ailleurs avec ce recueil, qui est avant tout un bel hommage à Chaucer et Shakespeare, que s'interrompt la période « librairie » de Jean Ray ; il n'a pourtant pas eu moins de succès que les autres… ni plus. A partir de 1946, après la disparition de l'éditeur Les Auteurs Associés, c'est le retour aux magazines, avec une foule d'histoires, pour la plupart signées John Flanders. C'est notamment la reprise de la collaboration avec l'abbaye d'Averbode. La période « librairie », si elle n'a pas été très favorable à Jean Ray, commercialement parlant, lui a tout de même conféré une certaine réputation. Vous vous étonniez tout à l'heure de cette courte période « librairie » au milieu d'innombrables parutions en revue. Elle n'est due qu'à un seul éditeur, Les Auteurs Associés, qui a donc publié les cinq Jean Ray entre 1942 et 1944. La maison d'édition était dirigée par de grands amis de l'écrivain, qui ont tout fait pour le faire connaître, comme Steeman ou Thomas Owen. C'est donc grâce à eux si, les années suivantes, d'autres éditeurs ont suivi leur exemple : en 1946, l'Atalante a publié la réédition des **Contes du whisky** et **Mystères et aventures** (signé John Flanders), et l'année suivante, La Sixaine a suivi avec **Le livre des fantômes** et **La gerbe noire**.

— **Le livre des fantômes** est le dernier recueil de Jean Ray. Comme **Les derniers contes de Canterbury**, il ne présente aucun texte majeur. Pourtant, il est important à plus d'un titre, non ?

— En effet, et vous voyez bien que là encore Jean Ray a donné à son recueil un thème qui lui confère son homogénéité, ainsi qu'un prologue et un épilogue qui achèvent de faire du livre un « tout ».

— Homogénéité, c'est vite dit : dix nouvelles, mais cinq seulement sont des histoires de fantômes. Le thème de prédilection de Jean Ray, les univers intercalaires (**Le Psautier de Mayence, La ruelle ténébreuse**, et même, de manière allusive, **Malpertuis**), se retrouve dans trois nouvelles. Et celui des livres maudits dans deux textes…

— Et ce sont ces deux textes qui indiquent la nouvelle voie choisie par Jean Ray. Consciemment ou non, il suivait celle tracée par l'écrivain américain Lovecraft, et le conteur des légendes de la terre et de la mer cédait la place au révélateur des secrets cosmiques. Comme Lovecraft, Jean Ray a constitué sa bibliothèque interdite, avec le **Grimoire Stein** (évoqué dans **Maison à vendre**) et le **Heptaméron magique** (dans **Ronde de nuit à Kœnigstein**). Il s'est également mis à constituer, comme Lovecraft, sa propre mythologie, tout à fait personnelle, bien qu'inspirée des ouvrages interdits du Moyen Age ; et ce à partir de **Ronde de nuit à Kœnigstein**…

— Mais rétrospectivement, on peut dire sans crainte de se tromper, que la nouvelle **Le Grand Nocturne** annonçait déjà ce changement d'orientation ; tout y était : les livres interdits, les êtres terribles vivant dans des dimensions voisines à la manière des Grands Anciens lovecraftiens, et qui sont les anges déchus des textes du Moyen Age. Enfin, pour en termine avec Lovecraft, nous retrouvons dans **Le livre**

des fantômes la même volonté de faire paraître l'impossible possible que chez l'écrivain américain. Nombre de lecteurs de Lovecraft croient toujours en la véracité du **Necronomicon**, Jean Ray, quant à lui, présente deux de ses nouvelles comme étant des histoires vraies : **Mon fantôme à moi** et **Rues**.

— Ce n'est pas la volonté de donner de la crédibilité à des fictions. En réalité, Jean Ray se décidait enfin à révéler quelques terribles secrets qu'il avait découverts : il avait réellement vu le monde qui se situe au delà des apparences. Comme les personnages de ses prétendues fictions, il avait ouvert la porte de l'invisible. Ce qui n'est pas sans danger ; son ami Henri Vernes prétendait que lorsque Ray à la fin de sa vie évoquait son « fantôme à lui », l'« homme au foulard rouge », ce n'était pas sans une certaine crainte ([10]).

— En 1950, Jean Raymond de Kremer écrivait à Roland Stragliati : « *Aujourd'hui Jean Ray a déposé la plume. Tout comme son vieux et cher Fulmar, il est rentré au port pour toujours, Jean Ray est devenu John Flanders, et n'écrit plus — en flamand — que pour la jeunesse flamande.* » ([11]). **Le livre des fantômes**, au lieu d'annoncer un nouveau Jean Ray, a t-il failli n'être qu'un chant du cygne ?

— Il s'agit plus des circonstances, en fait, que d'une intention véritable…

Les circonstances, toujours ! C'étaient elles qui, aux Etats- Unis, avaient décalé de dix ans la constitution de la « mythologie de Cthulhu » par Lovecraft : après avoir publié **Dagon**, première pierre du mythe, son auteur découvrait Lord Dunsany, qui allait l'inspirer pour les années à venir.

— A la fin des années quarante, l'édition belge se porte très mal, victime de la concurrence française. Pour Jean Ray — ou plutôt John Flanders — il ne reste que les revues flamandes. Bien plus tard, Jack a voulu confondre Jean et John en un seul homme, en prétendant qu'il n'y avait jamais eu aucune volonté de différencier les deux œuvres. Le choix du pseudonyme dépendait uniquement des circonstances, de la volonté de l'éditeur notamment. Pourtant, c'était reconnaître implicitement une différence : la volonté de l'éditeur dépendait des exigences de son lectorat ; et à lectorats différents, correspondaient

---

10   cité par h. Vernes, préface à **histoires noires et fantastiques** (marabout).
11   cité par r. Stragliati, préface à **The Skull** n° 12 : spécial john flanders.

des types d'histoires différents. Les histoires fantastiques signées Jean Ray, les récits d'aventures teintés de mystère de John Flanders ; sans oublier les anonymes enquêtes policières de Harry Dickson, au surnaturel expliqué. Il y aurait donc trois « Jean Ray », c'est ce que pense notamment Henri Vernes ; tandis que Albert Van Hageland, s'appuyant sur les déclarations tardives de l'écrivain, défend la théorie d'une œuvre unique et homogène, quel que soit le pseudonyme.

— Mais John Flanders, pour vous ?

— Pour moi, John Flanders, c'était le Jean Ray de la mer, celui qui a presque disparu après **Les contes du whisky**, au profit du conteur fantastique. C'est à cette époque que John Flanders est né, en 1931. Une grande partie de son œuvre a été publiée par l'abbaye d'Averbode, grâce à son ami le Père De Kesel : 39 récits en néerlandais de 1931 à 1939 et 40 en français de 1934 à 1939 (parfois des traductions de la série néerlandaise) ([12]). La collaboration entre l'abbaye et Flanders reprend après la guerre, mais uniquement en néerlandais (comme le précisait la lettre à Stragliati) : plus de 80 récits (dont des traductions du français) de 1946 à 1964. Les éditions Altiora d'Averbode ont pourtant publié, dans la même période, quelques numéros spéciaux en français, comme **La bataille d'Angleterre** (1947) et **Slumber Valley** (1949). Si les dimensions parallèles furent le « cheval de bataille » de Ray, pour Flanders ce furent ces histoires d'îles mystérieuses et de civilisations oubliées. John Flanders n'y déméritait pas auprès de ses dignes prédécesseurs, tels Jules Verne ou Rider Haggard : **Le pays maudit** (1931), **Aux tréfonds du mystère et Le formidable secret du Pôle** (1936), **L'île noire** (1948), **Slumber Valley** (1949)… Néanmoins, Albert Van Hageland a également raison : il y a du Jean Ray en John Flanders, dans des récits fantastiques assez noirs comme **Drummer-Hinger**, **La malédiction** ou **La trouvaille de M. Sweetpipe** ; et il y a du John Flanders en Jean Ray, comme le montre cette histoire de marins et d'île inconnue qu'est **L'assiette de Moustiers**. Mais c'est dans le récit policier (le récit de mystère, devrait-on plutôt dire) que les trois « personnalités » se confondent : la première avec **Harry Dickson**, bien entendu, la seconde (Jean Ray) avec **La cité de l'indicible peur** et **Jack-de-Minuit**, la troisième (John Flanders) avec

---

12   chiffres donnés dans la chronologie établie par j.b. baronian et f. Lévie dans **Jean Ray, l'archange fantastique**.

La bataille d'Angleterre, Le monstre de Borough et les enquêtes de **Edmund Bell** (un Harry Dickson juvénile).

— Enterré de l'aveu même de l'écrivain, Jean Ray ressuscita pourtant en 1952, et pendant toute la décennie son nom figura au sommaire de deux revues où la présence d'un écrivain fantastique peut surprendre : une revue médicale et une revue sportive ! Etait-ce le crépuscule de Jean Ray ?

— Pas du tout ! Le support avait beau être inhabituel, les histoires publiées par Ray montraient toujours le même talent et la même imagination. Et une nouvelle fois ce fut l'amitié qui lui obtint ces deux nouveaux débouchés. Le résultat : 45 récits dans **Les cahiers de la Biloque** de 1952 à 1963, revue dirigée par le Dr Thiry (Côme Damien pour la littérature), et 17 dans **Golf** de 1952 à 1958. En 1964, les deux revues publièrent d'autres textes en hommage au défunt.

— C'est également l'amitié, celle de Roland Stragliati, qui, à la même époque, ouvrit à Jean Ray les portes des revues françaises.

— A l'époque, Jean Ray était connu depuis longtemps en Belgique, francophone ou non, mais était quasiment inconnu du public français. La parution dans **Mystère Magazine** et **Fiction** était la première étape vers la reconnaissance de Jean Ray en France ; qui allait se concrétiser par la réédition de Malpertuis dans la collection « Présence du Futur » de Denoël en 1955.

— Et rétrospectivement, ces débuts en France sont des plus glorieux : Fiction, « Présence du Futur » sont des collections aujourd'hui mythiques. Ray écrivait à cette occasion en décembre 1954 : « *Votre lettre m'est arrivée aux premières lumières de l'arbre de Noël. C'était un beau présent à poser sous l'Etoile. Elle m'était d'autant plus précieuse que j'y trouvais les noms de Roland Stragliati et de Raymond Queneau qui ont remué ciel et terre pour faire sortir* **Malpertuis**, *voire Jean Ray, des ombres de l'oubli. Je connais fort bien — de réputation cela va sans dire — Lovecraft, ainsi qu'un autre auteur dont vos éditions ont publié des ouvrages : Ray Bradbury (que je connais par* **Mystère Magazine***) et c'est un honneur de se trouver en leur compagnie.* » ([13])

— Rétrospectivement, c'est le mot juste, parce que ces deux collections méritaient à l'époque le respect dû aux défricheurs, aux pionniers,

13   lettre à robert kanters, reprise dans **Jean Ray, l'archange fantastique**.

mais ce n'était pas cela qui ferait entrer Jean Ray et les autres auteurs des deux collections dans les rangs de la Littérature.

— La véritable consécration vint en 1961, et curieusement par une collection belge qui connut un grand succès, en France comme en Belgique : « Marabout Fantastique ».

— C'était encore un de ses amis, Henri Vernes, qui était à l'origine du projet. Il proposa le nom de Jean Ray à l'éditeur, choisit lui- même les textes, et le succès des **25 meilleures histoires noires et fantastiques de Jean Ray** entraîna celui de la collection. Hélas, les seuls recueils inédits parurent après le décès de l'écrivain : **Le carrousel des maléfices**, composé de textes parus dans **Les cahiers de la Biloque**, et **Les contes noirs du golf**, à partir de nouvelles issues de la revue du même nom. Après Jean Ray, tous les grands écrivains de la tradition fantastique francophone défilèrent dans « Marabout Fantastique » : Thomas Owen, Franz Hellens, Claude Seignolle, Alexandre Dumas, Michel de Ghelderode, Frédéric Soulié, Erckmann-Chatrian, Marcel Béalu, Gérard de Nerval, Marcel Thiry, Honoré de Balzac, Théophile Gautier, Paul Féval, Pieyres de Mandiargues, Gérard Prévot, Marcel Brion, André de Richaud, B.R. Bruss, Marcel Schwob, Villiers de l'Isle-Adam, Monique Watteau, Guy de Maupassant, Kurt Steiner, Maurice Renard, Ponson du Terrail, Christine Renard.

— Une liste impressionnante, certes, mais qui prouve seulement que Jean Ray n'est qu'un grand nom parmi d'autres, et que son influence sur la littérature fantastique francophone est des plus réduites, non ?

— C'est facile de prétendre cela : la plupart des auteurs que vous citez sont antérieurs à Jean Ray ! Son importance à l'époque est pourtant indéniable, une émission de la télévision belge lui est même consacrée en 1962, donc de son vivant.

— Et la Littérature (avec un grand L, s'il vous plaît) lui ouvre enfin les bras puisque en 1963 (donc toujours de son vivant) les éditions Robert Laffont entament l'intégrale de Jean Ray, sous le titre **Œuvres complètes**.

— Parlons-en d'une intégrale ! Quatre volumes, qui rééditaient **Le livre des fantômes, Les cercles de l'épouvante, La cité de l'indicible peur, Les contes du whisky, La croisière des ombres, Le Grand Nocturne, Les derniers contes de Canterbury et Malpertuis** ; ainsi qu'un certain nombre d'autres histoires, certaines mettant en scène

Harry Dickson. Soit au total : 90 récits ; très loin d'une intégrale (qui à ce jour n'existe toujours pas). Quelques chiffres pour donner une idée de l'importance quantitative de l'œuvre de Ray : 10 récits dans **Le Journal de Gand**, 21 dans **L'Ami du Livre**, 20 dans **La Revue Belge**, 120 **Vlaamse Filmkens**, 110 **Harry Dickson**, 39 **Presto-Films**, 220 dans **Bravo**, 55 dans **Les cahiers de la Biloque**, 18 dans **Golf**, 218 dans **Le Petit Luron**, 6 dans **Audace**…

— Il y a tout de même dans cette « intégrale » Jean Ray selon Robert Laffont un inédit de choix : **Saint-Judas-de-la-Nuit**, qui « clôture » de magnifique manière ce nouveau cycle que nous avions évoqué à l'occasion de la parution du **Livre des fantômes**…

— En effet, ce cycle que l'on aurait pu craindre interrompu par la « disparition » de Jean Ray au profit de John Flanders. En fait, **Ronde de nuit à Kœnigstein** avait été suivi la même année par Iblis, ou **La rencontre avec le mauvais ange**. Seulement, ce texte est rarement pris en compte car il n'a été que proposé par Jean Ray anthologiste, et il est dû à Alice Sauton. Pourtant, il est évident que Sauton n'est qu'une autre facette de Jean Ray, au même titre que Flanders ; un canular, même, car plusieurs des écrivains proposés par Ray dans cette anthologie, **La gerbe noire**, n'existent pas. Lorsque notre auteur se remit à signer Jean Ray en 1952, il reprit immédiatement le cycle des Anges Élémentaires, avec **La conjuration du Lundi** (dans **Les cahiers de la Biloque**). Il écrivit aussi **Le cas de Lady Stillington**, destiné à **Golf** mais qui ne parut pas. Par l'ampleur du projet, **Saint-Judas-de-la- Nuit** aurait été le sommet du cycle, dans la veine de Malpertuis. Cette œuvre ultime est hélas restée inachevée, il n'en reste qu'un prélude paru en 1960 dans **Les cahiers de la Biloque** (sous forme d'une ébauche et d'un plan), et les premières pages du roman dans le tome 2 des **Œuvres complètes**, rééditées par Marabout en 1966 dans la nouvelle édition du **Livre des fantômes**.

— Ces Anges Déchus, évoqués pour la première fois dans **Le Grand Nocturne**, sont donc, pour Jean Ray, l'équivalent des Grands Anciens lovecraftiens ; l'occasion, pour lui aussi, de créer sa propre mythologie ?

— Une mythologie inspirée des traditions du Moyen Age, traditions chrétiennes donc, à l'image de Jean Ray et de ses convictions : tout à fait l'opposé de Lovecraft. Le **Necronomicon** n'était que pure invention de la part de l'écrivain américain — bien que nombreux sont ceux qui pensent toujours le contraire, tandis que le **Heptameron** existait réellement. Il en existe même une traduction anglaise due à Arthur Machen… ([14])

— Ce qui nous ramène à Lovecraft, Machen étant une des ses influences majeures ! De là à penser que le **Heptameron** fut une des sources du **Necronomicon**…

— …il n'y a qu'un pas que nous ne franchirons pas. Et comme pour l'ouvrage maudit, les noms des Anges Déchus ne provenaient pas de l'imagination de Jean Ray : Maguth (dans **Ronde de nuit à Kœnigstein**), Iblis (dans **Iblis, ou La rencontre avec le mauvais ange** et **Saint-Judas-de-la-Nuit**), Arcan et Gabriel (dans **La conjuration du Lundi**), Jayon et Natalon (dans **Le cas de Lady Stillington, ou L'histoire d'un sortilège**). Le surnaturel selon Jean Ray était tout à fait crédible, et lui-même y croyait sans doute. « *Me voici maintenant arrivé à l'âge sévère où l'on amène son pavillon sans précisément se mettre en berne. Le diable s'est fait ermite et essaie alors d'oublier son passé. C'est beaucoup dire. (…) Il me plaît encore de penser avec une certaine fierté à mes anciens compagnons de la houle, morts sous le signe du capricorne. (…) Je viens de parler du diable. Il ne m'est pas antipathique. Je préfère même l'appeler l'ange méditatif, tant je le sens parfois fraternel à mes côtés (…)* » ([15]). Au crépuscule de sa vie, l'homme ne renonçait pas à la légende, et il n'avait jamais été aussi populaire : Marabout, les **Œuvres complètes** de Robert Laffont, l'émission de télévision de Jean Antoine, le Prix des Bouquinistes décerné en 1963, un ballet inspiré de la nouvelle **Josuah Güllick, prêteur sur gages**, et intitulé **La bague**, un numéro spécial de **Fiction**. Ce fut aussi pendant ces dernières années qu'il rencontra d'autres personnalités de la littérature fantastique avec qui il se lia d'amitié : Michel de Ghelderode en 1960, Claude Seignolle en 1962, Franz Hellens en 1964.

— Et le 17 septembre 1964, Jean Ray quittait le monde des hommes

14   le **Heptameron** qu'a traduit arthur machen, celui de marguerite de navarre, n'a absolument rien d'occulte. Visiblement, notre marin n'est pas si au fait des choses de l'autre monde, et confondrait albert et robert, occultisme et langue française.

15   cité dans **Jean Ray, l'archange fantastique**.

où il avait pénétré le 8 juillet 1887.

— ...Il restait la légende, où Jean Ray était entré vivant, et, mort, il était toujours aussi présent. « *En bon Gantois soucieux de respecter la tradition, Tiger Jack avait trafiqué les épices dans les mers de Chine, piraté la nacre sur les côtes australiennes ; à bord d'un vieux ramper, le Fulmar, il avait bourlingué des ports hanséatiques aux rivages ensoleillés de la Côte Ferme avec des cargaisons disparates (...). Un beau jour, il en avait eu assez de la flibuste, (...) (et) s'était mis à écrire de merveilleuses histoires pleines d'aventures, de sel, de brume et d'angoisse, où les spectres du passé se pressaient en fantastiques sarabandes.* » ([16]). Avant de mourir, Tiger Jack avait eu le temps d'assister Bob Morane contre des pirates des Caraïbes, et de déloger un vampire. « *Nous allons chez Esther von Schaefer, me dit Jean Ray, une gentille petite garce morte aux environs de la Révolution bourgeoise et qui a bu sans doute plus de sang humain que je n'ai bu de whisky, ce qui n'est pas peu dire !... Elle est enterrée à Bernkastel et l'on doit incessamment exhumer ses ossements pour les joindre aux autres morts anonymes ou abandonnés, déjà réunis dans un ossuaire en attendant le jugement dernier.* » ([17])

— Seulement, lors de ces situations, Jean Ray est devenu personnage de fiction, chez Henri Vernes et Thomas Owen.

— Croyez-vous ? Etes-vous capable de dire où commence et où finit la légende, où commence et où finit la réalité, où commence et où finit la fiction ? Je vous ai dit que le monde de l'invisible n'était pas étranger à Jean Ray.

— Je veux bien le croire, mais de là à accepter la réalité des vampires...

— Vous êtes bien tous les mêmes, les habitants de la terre ferme, très fiers d'avoir les pieds sur terre. Encore voulez-vous bien croire aux mondes intercalaires et aux extra-terrestres, voire à la sorcellerie, aux fantômes et peut-être au démon (sans s si possible), mais aux vampires sûrement pas ! Pourtant, ce n'est pas la seule fois où Jack a rencontré un de ces non-morts. Il a conté une autre de ses expériences dans **Dieu, toi et moi** (paru dans **Audace** en 1959).

— Une fiction, qui n'a pas plus de réalité que **Malpertuis**.

— Justement, qui a dit que **Malpertuis** n'avait pas de réalité ? Quant à

---

16   h. Vernes, **Trafic Aux Caraïbes**.
17   t. Owen, **Au Cimetière De Bernkastel**.

Dieu, toi et moi, cela ne vous suffit pas que Jean Ray conte l'histoire à la première personne, y mêlant ses souvenirs de marin et du Fulmar ? D'ailleurs, les témoignages ne manquent pas. Thomas Owen lui-même présente son récit, non comme une fiction, mais comme une histoire vraie. Claude Seignolle aussi sait que Jean Ray, de son vivant, avait pénétré le monde au delà des apparences, et que, depuis sa mort, il passe sans problème de ce monde au nôtre. Et Seignolle, autre grand conteur fantastique, sait de quoi il parle. Si Jean Ray était le révélateur des mystères de la mer et des mondes intercalaires, Claude Seignolle est celui des secrets de la terre. « *Car Jean Ray est toujours là, présent dans chacune des pages qu'il a écrites (...). Après avoir narré des contes de fantômes, il en est devenu un, lui aussi, et appartient donc à ce monde des ténèbres qu'il a si bien décrit.* » ([18])

Je ne répondis rien. Je n'allais pas le contredire dans ce vieux port baigné de brumes, au milieu de tous ces pirates. Je changeai de sujet :
— De 1961 à 1974, les éditions Marabout se lancèrent, semble-t-il, dans une tentative d'intégrale Jean Ray, des **Histoires noires et fantastiques** au **Bestiaire fantastique** en passant par les **Harry Dickson**. Jean Ray devenait pour le public français un grand de la littérature fantastique, mais ce même public français ignorait tout de John Flanders.
— Mais en pays flamand, Flanders était plus populaire que jamais, et dès 1964, plusieurs recueils et romans parurent chez différents éditeurs : **Griezelen** (sous la signature Jean Ray), **Vlucht naar Bradford, John Flanders Omnibus, Het Monster van Burrough** (chez Beckers), **Herrie op Oak-Lodge, De Koperen duivelsklauw, Gejaagd door de angst, Galgenaas, Scotland Yard in aktie, Het geheim van de Sargassen, Super Suspense Omnibus** (Beckers), **De angst vaart mee, Vierde dimensie, Spoken op de ruwe heide** (Altiora).
— Il faut attendre 1972 pour voir paraître en France un recueil de John Flanders, et il demeure le meilleur Flanders qui soit paru dans notre pays.
— Sans aucun doute, et c'est à cet admirateur inconditionnel de John

---

18   cité dans **Promenades Avec Seignolle**, d. Labbé (éditions de l'œil du sphinx, 2001).

Flanders, Albert Van Hageland, que nous le devons. **Contes d'horreur et d'aventures**, paru dans la collection « 10/18 », aura pourtant été précédé de plusieurs Flanders en langue française, mais publiés en Belgique : **La neuvaine d'épouvante** (1966), **La griffe du diable** (1966), **Le carrousel du suspense** (1970). Van Hageland et « 10/18 » poursuivirent la publication française des récits de John Flanders avec deux recueils moins essentiels, réunissant chacun deux romans. Ces deux recueils avaient pour titres **Le monstre de Borough**, proposant deux récits de mystère, et **Le secret des Sargasses**, contenant deux histoires de SF.

— Parmi les deux romans proposés par **Le secret des Sargasses**, **La porte sous les eaux**, paru initialement en 1960, même s'il n'est pas essentiel, mérite d'être signalé…

— …Oui, car il est un pur roman lovecraftien, où intervient même Cthulhu !

— Sauf que Jean Ray n'est pas plus l'auteur de **La porte sous les eaux** que Lovecraft ne l'était du **Rôdeur devant le seuil**. **La porte sous les eaux** est un roman écrit par Jacques Van Herp à partir de deux récits de Flanders.

— Puisque vous parlez de Lovecraft, un autre point commun de Jean Ray avec l'écrivain américain est la parcimonie avec laquelle les cinéastes ont adapté son œuvre. 1972 est également l'année de la sortie du deuxième (et dernier) long métrage adapté de Ray, **Malpertuis**. Le premier était **La cité de l'indicible peur**. Deux films, contre quatre pour Lovecraft dans la même période. Et pourtant, ce n'était pas la matière qui manquait !

— Il y a tout de même eu un troisième grand projet, qui a failli voir le jour entre 1960 et 1965. Alain Resnais tenait absolument à adapter **Harry Dickson**, et le projet était déjà bien avancé, pré-production, scénario, casting, mais tout s'est effondré pour des raisons de budget, Resnais n'étant pas considéré par les producteurs comme un cinéaste très commercial ; ni d'ailleurs les acteurs pressentis : Dirk Bogarde, Vanessa Redgrave, Delphine Seyrig.

— De plus, après l'adaptation par Mocky de **La cité de l'indicible peur**, les cinéastes belges ont proposé toute une série d'adaptations filmiques de Jean Ray… mais sous la forme de court-métrages télévisés.

— ...que le spectateur français n'a aucune chance de connaître : **La choucroute** (1964), **L'homme qui osa** (1966), **La maison des cigognes** (1968), **Le gardien du cimetière** (1968), **Ultra je t'aime** (1968).

— Nous voici en 1978. Les éditions Marabout ont disparu, et toute une époque avec elles. Jean-Baptiste Baronian tente de recréer l'aventure au Masque Fantastique.

— ...et Jean Ray fut bien sûr de cette aventure dès le premier numéro, la quatrième édition de **Malpertuis**. Ce qui est curieux, c'est qu'une première série du Masque Fantastique avait été lancée en 1976 par un autre admirateur inconditionnel de Jean Ray, Jacques Van Herp, mais que Ray ne figurait pas au programme de la collection. Celle-ci, sous la direction de Van Herp, était plutôt « fantasy », avec notamment Robert Howard, Lin Carter, Gardner Fox. La vision Baronian de la collection était plus « traditionnelle » dans son approche du fantastique : Jean Ray, Clark Ashton Smith, Shirley Jackson, Graham Masterton, Ramsey Campbell, entre autres. Aucune des deux séries ne fut un succès, bien que la seconde ait entrepris de rééditer les aventures de deux grands héros populaires, **Harry Dickson** de Jean Ray et **Bob Morane** de Henri Vernes.

— Cette conception « traditionnelle » du fantastique, au début des années 80, n'était pas prête à disparaître : un nouvel éditeur, NéO, s'apprêtait à prendre la succession de Marabout et du Masque.

— NéO existait depuis quatre ans lorsque Jean Ray fit son entrée dans la collection, et son catalogue était déjà riche en valeurs sûres : Abraham Merritt, Robert E. Howard, W.H. Hodgson, Robert Bloch, H. Rider Haggard, Sir Arthur Conan Doyle, pour les anglo-saxons, et B.R. Bruss, Daniel Walther, J.H. Rosny ainé, Claude Seignolle, pour les francophones. C'était encore Baronian le responsable avec un coup de maître : la publication d'un Jean Ray introuvable ! Un grand nombre d'anciens témoignages prouve qu'il existe des recueils de Jean Ray aujourd'hui introuvables. D'ailleurs, rares sont ceux qui peuvent prétendre en avoir vu un jour un exemplaire ! Beaucoup pensent que ces titres sont issus de l'imagination de Ray, et qu'ils n'ont aucune réalité. Personne n'a jamais pu le prouver, ni le contraire. Le plus connu de ces titres mythiques est **Terres d'aventures**, aussi recherché que le **Necronomicon** lovecraftien. Tout comme certains prétendent avoir vu le **Necronomicon**, d'autres prétendent avoir repéré **Terres d'aventures** dans les fichiers de la Bibliothèque Royale. Ce farceur de Francis Goidts ! ([19])

— **Le Visages et choses crépusculaires** publié par NéO n'est pas, il faut le préciser, un de ces livres mythiques. Le titre est bien le même, mais le recueil a été entièrement composé par Baronian.

Jones, pendant un bon moment, s'enferma dans un mutisme obstiné. A plusieurs reprises, au cours de l'entretien, il m'avait lancé un regard noir. J'espérais bien ne pas l'avoir froissé, ma situation étant toujours incertaine : il me faudrait bien quitter ce bar. Pourtant, il ne pouvait me tenir rigueur pour mes paroles : Baronian lui-même, dans **Visages et choses crépusculaires**, expliquait la genèse de l'ouvrage. Après quelques minutes, le marin se détendit et me sourit ; un sourire carnassier.

— Vous êtes plutôt sceptique de nature, vous. Le fantastique, c'est intéressant, mais ce n'est que du fantastique. Des fariboles. Il ne peut rien vous arriver qui ne sorte de l'ordinaire.

Je souris à mon tour ; un sourire crispé. Reprendre le cours normal de l'entretien.

— L'autre coup de maître de NéO, ce fut, enfin, l'intégrale des **Harry Dickson** de Jean Ray. En 21 superbes volumes en édition « club ». Et un plus non négligeable, 21 remarquables préfaces signées Jean- Baptiste Baronian, Jacques Van Herp, François Truchaud, Henri Vernes, Jacques Carion, Philippe Grancher, Alexandre Lous, Jean- Marie Wilmart, Jean-Francis Jean, Claude Deméocq, Christian Durante, Jacques Finné, Francis Goidts et Roland Stragliati.

— Pourtant, c'est difficile de rendre à Jean Ray ce qui lui « appartient » dans cette foule de récits anonymes. Traductions ou adaptations, reprises de la série originale (les faux **Sherlock Holmes**) ou épisodes inédits, il aurait mieux valu, dans l'incertitude, ne pas tenter de fractionner cette longue série : 178 fascicules.

— …D'autant que vous pensez, avez-vous dit, qu'elle est peut-être plus l'œuvre de Ray que l'on ne le croit.

---

19   **Terres D'aventures**, fascicule-canular publié aux editions du noyé en 1987.

— Qui sait ? C'est pourquoi je crois qu'aux 21 volumes **Harry Dickson** de NéO, il faut ajouter les 24 volumes édités par Corps 9, qui proposent tous les autres fascicules. Soit, pour avoir ces 178 fascicules, un total de 45 volumes !

— Impressionnant, en effet. Tout à l'heure, en parlant des NéO, j'évoquai les préfaces dues à tous ces professionnels admirateurs de Ray/Flanders. Au cours de cet entretien, nous avons pu nous rendre compte que toute son œuvre publiée a été placée sous le signe de l'amitié. L'amitié que d'autres lui ont portée. Sans eux, sa carrière aurait sans doute été fort différente. Peut-être même n'aurait-il pas réussi à percer.

— Attention, ce n'était pas du copinage ! Ils ont agi autant par admiration que par amitié. Tous reconnaissaient son immense talent et son extraordinaire imagination.

— Pierre Gœmaere, le Père Daniel de Kesel, Thomas Owen, Clovis Baert, Jules Stéphane, Roland Stragliati, le docteur Urbain Thiry, Henri Vernes, Albert Van Hageland ; toutes ces personnalités, et d'autres, ont contribué à « faire » Jean Ray, sans rien attendre en retour. Certains l'ont dit généreux, fidèle en amitié, d'autres déclaraient qu'il rechignait parfois à « renvoyer l'ascenseur », promettant plus qu'il ne tenait.

— Ces deux facettes de sa personnalité sont réelles. A propos de la facette négative, il ne faut pas oublier que Jean Ray était aussi un sacré mythomane ! Ce qui explique donc qu'il promettait parfois plus, qu'il n'était en mesure de tenir, en fait.

— Cette mythomanie explique aussi le goût qu'il avait pour sa légende, l'entretien constant qu'il lui a apporté.

Grognement. Décidément, ce Jones y tient, à la légende.

— ...mais, continuait-il, sa fidélité en amitié ne peut être mise en doute. Et si toutes les personnalités que vous citez ont concrètement manifesté leur admiration, lui aussi a souvent fait de même. Il suffit pour cela de compter le nombre de préfaces que Jean Ray a pu écrire.

— Là encore, une liste de noms : préfaces à Bernard Manier, Côme Damien (le Dr Thiry), Thomas Owen, Julien Sévery, Claude Seignolle, Pierre Roller.

— Fidélité que l'on retrouve dans sa correspondance (même si elle n'est pas comparable à celle de Lovecraft), avec Gœmaere, Stragliati, Michel de Ghelderode, Thiry, Owen…

— Revenons aux années 80 et aux éditions NéO. En 1990, c'est la faillite, après dix années et plus de 200 ouvrages, d'une qualité constante qui fait de NéO une des collections les plus recherchées de nos jours, avec Marabout. Ce ne fut pas encore cette fois là que les lecteurs eurent droit à l'intégrale Jean Ray. 21 **Harry Dickson**, 11 Jean Ray, 9 John Flanders.

— De toute manière, l'intégrale Jean Ray, c'est une impossibilité, c'est trop énorme. Jean Ray, après Marabout et Le Masque, il n'y avait plus grand chose que le lecteur français ne connaisse pas — donc aucun inédit chez NéO, mais pour Flanders, c'était différent : le lecteur français a pu découvrir de nombreux récits inédits, dont cinq romans : **La malédiction de Machrood, La brume verte** (1948), **Les feux follets de Satan** (1935), **L'île noire** (1948), **La nef des bourreaux**. A la même époque (1985-86), les éditions Corps 9 ont également publié deux romans de John Flanders : **La bataille d'Angleterre** (1947) et **La vallée du sommeil** (1949).

— Jean Ray ne resta pas longtemps absent des rayons des libraires puisque en 1991 les éditions Claude Lefrancq prirent la relève, avec un programme d'ambition : l'intégrale Jean Ray !

— Ce qui prouve qu'il s'agit bien d'une impossibilité, puisque ce fut un fiasco total, qui conduisit l'éditeur à la faillite. Non sans avoir eu le temps de révéler quelques raretés, découvertes par Henri Vernes. **Les joyeux contes d'Ingolsby** présentait la totalité des histoires écrites par l'anglais Thomas Ingolsby et « traduites » en néerlandais par John Flanders de 1954 à 1961. Les lecteurs belges avaient déjà fait connaissance avec Ingolsby dans l'anthologie de Jean Ray, **La gerbe noire** (1947). Mais comme pour les **Harry Dickson**, il s'agit, plus que de traductions, de véritables réécritures. La deuxième surprise proposée par Lefrancq et Vernes était un roman signé Jean Ray et intitulé **Jack de Minuit**, que le collectionneur André Verbrugghen découvrit dans les pages d'une revue oubliée de 1932, **Le Bien Public**.

— Il s'agit d'un récit d'aventures policières dans le plus pur style John Flanders. Style **La bataille d'Angleterre** ou **Le mystérieux homme de la pluie**.

— …mais il s'agit bien de Jean Ray, Henri Vernes est d'ailleurs formel. Jean Ray a toujours signé de ce nom dans **Le Bien Public** ; même des récits qui, je vous l'accorde, avaient été auparavant publiés sous la signature Flanders. Et puis, je vous l'ai déjà dit, c'est dans le récit policier que toutes les identités rayennes se confondent.

— Puis Lefrancq a disparu, victime notamment d'une politique d'édition des plus étranges, les mêmes séries étant parfois publiées dans différents formats : poche, grand format, omnibus. Un véritable défi à la logique de vente : des formats différents ne pouvaient que rebuter le collectionneur, quant au lecteur moyen, lequel serait assez fou pour acheter le même livre dans différents formats ?

— Néanmoins, le programme Lefrancq était un véritable régal pour les amateurs de littérature populaire : Jean Ray, Bob Morane, Edgar Rice Burroughs, Sherlock Holmes, James Bond, Abraham Merritt, le Saint, Biggles, Clive Cussler, Conan, Thomas Owen. L'intégrale Jean Ray, longtemps annoncée, n'a jamais démarré, contrairement à celles, notamment, de Harry Dickson, Bob Morane et E.R. Burroughs. Tout n'est pas perdu puisque Henri Vernes a racheté les éditions Lefrancq. Le marin termina son verre, puis fit mine de se lever.

— Je ne vois pas ce que je peux vous raconter d'autre. Vous dire que malgré la mauvaise santé de l'édition, toutes les interruptions involontaires de collections, Jean Ray n'a jamais été aussi populaire. Que malgré la mode actuelle qui est à la terreur moderne, les Stephen King, Dean Koontz ou Graham Masterton, il y a toujours un public pour le fantastique traditionnel, et pas seulement pour l'auteur de **Malpertuis**. Des livres essentiels, des études, ont été consacrés à Jean Ray, réfutant ou glorifiant la légende. Van Herp et le gigantesque dossier de **L'Herne**, en 1980, ou Baronian l'année suivante, auteur avec Françoise Lévie de **Jean Ray l'archange fantastique** à la Librairie des Champs Elysées ; sans oublier le numéro spécial de la revue belge **Phénix**, déjà publié à trois reprises (1987, 1992 et 1995, la dernière fois chez Lefrancq)…

— …Je pourrais aussi vous dire, je vous l'ai d'ailleurs déjà dit, que Jean Ray hante parfois notre monde, notre dimension préciserait-il. Certains l'ont vu dans les rues de ce port, d'autres, comme Seignolle, ont reçu sa visite silencieuse ([20]). Il y en a même qui affirment l'avoir

20   lire d. Labbé, **Promenades Avec Seignolle.**

rencontré en mer, installé fièrement à la proue de son Fulmar ([21]). Mais vous n'y apporterez bien sûr aucun crédit.

Et sur ce, il sortit rapidement du bar, sans que j'eus même le temps de réagir.

Je me dirigeai alors vers le comptoir, et demandai au barman si le marin qui était avec moi venait souvent. Il me lança un regard soupçonneux :
— Si c'est un moyen de ne pas régler tous ces verres que vous vous êtes enfilés, ça ne marche pas ! Vous avez toujours été seul, à cette table.

Ah ça, c'était trop fort ! (et qu'étaient devenues ces bières que mon marin absent avait bues ?). Je décidai d'en avoir le cœur net. Je réglai et sortis rapidement du « Site Enchanteur ». La brume ne s'était toujours pas levée, et les rues désertes disparaissaient dans les ténèbres. Le monde donnait l'impression de finir à deux pas. Je repérai soudain mon marin, prêt à disparaître dans une ruelle qui échappait au néant grâce à une lanterne. Je le reconnus bien lorsqu'il se retourna vers moi, et pourtant, juste avant qu'il ne s'engouffre dans la ruelle, il n'avait plus, j'étais prêt à le jurer, le même visage. Je courai vers l'endroit, mais il n'y avait pas de ruelle, seulement un mur nu.

A mon tour, il ne me restait plus qu'à retourner à l'ombre.

* * *

J'ai failli disparaître, sans avoir terminé. Mais il y a eu la voix. Impérieuse. Un seul mot. Marabout. Je savais bien ce que cela voulait dire. Marabout, c'était aussi cet héritage de Jean Ray qui lui survivait, son empreinte qui marquait tout un pan de la littérature fantastique contemporaine ; tous ces auteurs qu'il a influencés, ceux qui (pourrait-on dire en paraphrasant François Truchaud) ont trouvé Malpertuis ([22]). Et si la collection démarra par le succès de deux livres de Jean Ray,

---

21   lire h. Vernes, **Les Spectres D'atlantis**.
22   la bibliographie du mythe de cthulhu établie par f. Truchaud dans le **Métal Hurlant** spécial lovecraft en 1978 s'intitulait « *les auteurs qui ont trouvé kadath* ».

Histoires noires et fantastiques (1961) et **Malpertuis** (1962), elle n'aurait pas vu le jour sans un autre écrivain. Ce fut en effet Henri Vernes qui suggéra Jean Ray à J.J. Schellens ; et une proposition de Vernes était une proposition dont il fallait tenir compte : il n'était rien de moins qu'un des piliers de Marabout (si ce n'est le pilier), avec depuis 1953 la série **Bob Morane**, le plus populaire de tous les héros littéraires pour la jeunesse. Bob Morane accompagna Marabout pendant tout l'âge d'or de l'éditeur : 142 romans jusqu'en 1977, mais ses aventures se poursuivirent chez d'autres éditeurs : Librairie des Champs Elysées, Bibliothèque Verte, Fleuve Noir, Lefrancq (chez qui paraîtra prochainement le 200e épisode, à moins d'un autre changement d'éditeur... peu probable : en 2000, Claude Lefrancq, au bord de la faillite, s'associe avec Ananké, la maison d'édition de... Henri Vernes lui-même). A l'origine, **Bob Morane** était une série d'aventures exotiques tout à fait traditionnelle... et moderne (pour l'époque). L'ombre des grands romanciers d'aventures, tels Stevenson, planait sur des récits de pirates (comme Flanders en écrivit beaucoup aussi), comme **Trafic aux Caraïbes** (1961) et **Les sept croix de plomb** (1963). Dans le premier, le pirate n'était pas un inconnu, puisqu'il se nommait Tiger Jack. La science-fiction y fit son apparition assez tôt, une science-fiction de conception plutôt traditionnelle elle aussi, influencée par la SF populaire américaine : **Opération Atlantide** (1956), **Les monstres de l'espace** (1956), **Les chasseurs de dinosaures** (1957) où apparaît la Patrouille du Temps chère à Poul Anderson. Des éléments de science-fiction parsèment bien d'autres romans d'aventures de Vernes. Comme c'était le cas chez John Flanders. Chez tous les deux, l'influence des grands pionniers qui ont su mêler aventure et, déjà, science-fiction : l'autre Verne, Jules, et Arthur Conan Doyle (dont le professeur Challenger trouve un écho dans le professeur Clairembart). Chez ces quatre écrivains, le même goût pour les terres inconnues et les monstres disparus (Vernes était un ami de Bernard Heuvelmanns, le spécialiste des animaux mystérieux). Chez Vernes, cette passion se retrouva notamment dans **La croisière du Mégophias** (1956), **Les géants de la Taïga** (1958), **Le secret de l'Antarctique** (1965). Mais **Bob Morane**, ça a toujours été avant tout le Cycle de « l'Ombre Jaune », très inspiré de Sax Rohmer et son Fu Manchu ; dans les deux cas, un génie asiatique du crime déclarait la guerre à l'occident, voire l'humanité. La filiation fut surtout évidente dans les premiers romans de la série, en 1959, **L'Ombre Jaune** et **La revanche de l'Ombre Jaune**, héritiers de la littérature populaire et du roman à mystère du début du siècle. Rien d'étonnant à ce que nombre de critiques y trouvèrent l'influence des **Harry Dickson**. Influence encore plus flagrante lors de la création d'un génie du crime au look satanique, très proche des adversaires de Harry Dickson : le Dr Xhatan dans **Le mystérieux Dr Xhatan** (1966). Mais Harry Dickson doit surtout, on l'a vu, au Sherlock Holmes de Arthur Conan Doyle, dont la plus célèbre aventure, **Le chien des Baskerville**, est le roman-type de fantastique rationalisé (la base de tous les Harry Dickson) ; Sherlock Holmes, et en particulier Le chien des Baskerville, influença également Henri Vernes, qui lui rendit hommage dans **Le dragon des Fenstone** (1961). De Sherlock Holmes et son Londres brumeux au gothique anglais, avec ses châteaux isolés aux nuits effrayantes, il n'y a qu'un pas. Cette influence est plus flagrante chez Vernes que chez Ray, notamment dans **Les yeux de l'Ombre Jaune** (1962). Il est vrai qu'en francophonie, cartésianisme oblige, le gothique anglais ne s'est pas imposé, mais a trouvé une variante au début du siècle, au sein de la littérature populaire ; une variante qui regarde plus vers la science-fiction que vers le fantastique (par exemple, l'étonnant **La poupée sanglante** de Gaston Leroux). Ce mélange de mystère et de macabre a survécu longtemps en France, grâce à la mythique collection Fleuve Noir Angoisse (1954-74). Chez Jean Ray, certains personnages sont incontestablement les héritiers de cette tradition, tel Philarète dans **Malpertuis**. Chez Henri Vernes, ce seront les tardifs **Les cavernes de la nuit** (1970) et Les voleurs de mémoire (1973). Mais c'est la science-fiction qui domina dans la plupart des **Bob Morane** tardifs (1967-77) ; une SF plus adulte que celle des années cinquante : **Le cratère des immortels** (1967), **Les crapauds de la mort** (1967), aux parfums lovecraftiens, **Commando épouvante** (1970), **L'archipel de la terreur** (1971), sans oublier l'extraordinaire « Cycle du Temps » avec l'Ombre Jaune, cycle dans un cycle (neuf romans de 1968 à 1976). Mais la science-fiction, ce sont aussi les dimensions parallèles, les univers intercalaires, chers à Lovecraft et Jean Ray ; surtout Jean Ray, dont Henri Vernes se montre tout à fait digne, notamment dans **Les spectres d'Atlantis** (1972), **Krouic** (1972), **Les murailles d'Ananké**

(1974), **Les périls d'Ananké** (1975), **Les anges d'Ananké** (1976), **Les caves d'Ananké** (1977). Puis l'Age d'Or de Marabout prit fin ; et avec lui, celui du plus célèbre aventurier de tous les temps. Malgré tout, la série a continué son petit bonhomme de chemin, et ça et là, un roman rappelle l'Age d'Or : **Les plaines d'Ananké** (1979), **Les berges du temps** (1989), **Le Cycle d'Ananké** (1992).

Pendant la durée de la collection Marabout Fantastique, seuls deux romanciers fantastiques contemporains de Ray ont été comme lui publiés régulièrement, preuve de leur popularité. Ray, Owen, Seignolle, trois conceptions différentes du fantastique. Des deux, Thomas Owen est le plus proche de Jean Ray. Pourtant, c'est par des récits policiers qu'il débute en 1941 grâce à S.A. Steeman, des Auteurs Associés ; Steeman est surtout célèbre en tant que créateur du détective M. Wens (que les cinéphiles connaissent sous les traits de Pierre Fresnay). C'est à cette époque qu'Owen découvre Jean Ray, ce qui le pousse du policier au fantastique. Néanmoins, il écrit aussi des romans qui ne sont pas fantastiques, ni même policiers, et qu'on ne peut classer qu'en littérature générale ; comme **Le jeu secret** et **Les grandes personnes**. Les seuls mystères que contiennent ces romans sont ceux de l'âme humaine. D'ailleurs, ces « mystères » sont aussi au centre de ses récits fantastiques, réunis chez Marabout dans six recueils de 1963 à 1978 ; ils traduisent les fantasmes de l'auteur/ narrateur. Les monstres que celui-ci découvre sont-ils réels ou le fruit de ses fantasmes ? A priori, ils ont l'air tout à fait humains, tout à fait quelconques. Chez Jean Ray, la barrière entre l'univers réel et l'univers fantastique, quoique très mince, existe. Chez Thomas Owen, les êtres fantastiques existent parmi nous, dans notre quotidien ; ils peuvent avoir l'apparence de votre voisin de palier. Ils sont également présents chez Ray et Seignolle, mais chez Owen, leur présence est plus subtile, moins évidente ; plus « fantasmée » : sorcière dans **Ma cousine**, la Mort dans **Cérémonial nocturne**, le Diable dans **Wohin am Abend** ? et **Un beau petit garçon**, vampire dans **Le chasseur**, d'autres encore dans **La présence désolée, Le Châtelain, La fille de la pluie, La robe de cheviotte, Bogaert et les maisons suspectes**... et Jean Ray dans **Au cimetière de Bernkastel** ! Cette définition de l'œuvre fantastique d'Owen, un roman suffit à la résumer : **Le**

Tétrastome (1988), qui se compose de « morceaux de vie » pas réellement reliés entre eux, qui sont autant de fantasmes du narrateur/ auteur, rencontres fantasmées entre le héros et différents monstres, généralement des femmes de rencontre ; ces monstres ne sont qu'un, que le héros baptise Tétrastome ; lui aussi est le Tétrastome. Chez Owen, le monstre peut être vraiment n'importe qui, même soi-même. « *Salut ! Cher monstre... Et maintenant, qu'allons-nous devenir ?* » ([23]).

Claude Seignolle est avant tout et à l'instar de Jean Ray un conteur de tout premier ordre ; d'ailleurs, les titres de ses six recueils publiés par Marabout entre 1965 et 1974 sont significatifs, plus représentatifs de l'œuvre d'un conteur que de celle d'un romancier : **Récits diaboliques**, **Histoires maléfiques**, **Contes macabres**, **Récits cruels**, **Histoires vénéneuses**, **Contes sorciers**. Le fantastique de Seignolle est plus traditionnel, moins cosmique que celui de Ray, moins fantasmé que celui de Owen, plus traditionnel ne signifiant pas moins original. D'ailleurs, comment le fantastique de Seignolle pourrait- il être autre chose que traditionnel ? Car y a t-il quelque chose de plus lié aux traditions que la terre et ceux qui en vivent ? Seignolle est en fin de compte plus fantastique que ses deux « rivaux », les textes de Ray devant beaucoup à la science-fiction et ceux de Owen à la psychanalyse. **La Malvenue** (titre vedette du recueil **Récits diaboliques**) est un exemple typique de l'œuvre de l'auteur et de ses mythes. Il y est question d'un marécage réputé maudit et de l'influence néfaste qu'il exerce sur les paysans du coin. Cette influence, attribuée à Satan par les paysans superstitieux, est du même ordre que celles qui ont frappé d'autres marais, tels ceux de **La tourbière hantée** de Lovecraft ou **L'homme qui osa** de Jean Ray. Toutefois, s'il fallait faire un rapprochement, ce serait avec le chef d'œuvre rayen qu'est **Malpertuis**, rapprochement qui va beaucoup plus loin que la similitude de titres. Dans les deux cas, le jeune héros (héroïne chez Seignolle) connaît un destin tragique et surnaturel, inéluctable dès le départ (du roman, mais aussi de la vie du personnage), parce que ses parents ont provoqué, innocemment, des forces surhumaines et inhumaines. Et aucune force bénéfique ne pourra contrarier le destin des deux héros et

---

23   t. Owen, **Le Tétrastome**.

les sauver (chez Seignolle, les avertissements du trimardeur n'auront pas plus d'effet que ceux de Eisengott chez Ray ; les deux personnages ont la même puissance tranquille et surhumaine). La force néfaste à l'œuvre dans La **Malvenue** est antérieure au christianisme ; comme dans **Malpertuis**, le paganisme est assimilé au satanisme. Mais il ne faudrait pourtant pas croire que Seignolle fait du christianisme la force la plus puissante comme Ray. Chez les paysans, la croyance en Dieu va de pair avec celle du Diable, et la Foi, chez Seignolle, prend parfois une teinte sinistre lorsque la Peur de Dieu et la Haine du Diable aboutissent à quelque chose de bien pire, l'Intolérance née de la Superstition (**Marie la Louve, Le rond des sorciers, Le marchand de rats**). « *Si l'homme méchant vaut dix Satan, l'homme crédule subit dix peurs qui risquent de le rendre mauvais comme vingt diables* » ([24]). Les personnages voient souvent le Diable là où il n'est pas (comme dans l'ironique **Le rond des sorciers,** où un signe maléfique — le rond des sorciers — pousse des paysans à s'entre-tuer, tandis que l'épilogue révèle que ce signe était tout à fait naturel et banal : des empreintes de cerfs), mais celui-ci apparaît malgré tout souvent chez l'écrivain de Sologne, semblable à n'importe qui d'entre nous (avec tout de même une présence indéniablement inquiétante) comme ce fut le cas chez Ray (**Mondschein-Dampfer, Les derniers contes de Canterbury**) ou Owen (**Wohin am Abend ?**). Dans Le Diable en sabots, même le cœur du Diable peut s'attendrir, et ce sont la Haine et l'Intolérance humaines évoquées plus haut qui causeront véritablement le Mal. Bref, Seignolle est finalement beaucoup moins manichéen que Ray. Une preuve supplémentaire : Dieu n'hésite pas à abandonner certains de ses paroissiens à Son Adversaire (**Le millième cierge**, qui est accordé à Satan dans l'église de Saint- Merry). Dieu et Diable ne sont pas les seuls protagonistes surnaturels seignolliens : tous les « monstres » du folklore défilent, entre horreur traditionnelle et modernité grinçante : les loups-garous (**Le Gâloup, Ce que me raconta Jacob, Comme une odeur de loup**), les vampires (**Pauvre Sonia, Le Chupador**, véritable chef d'œuvre de la terreur, Deux dents, pas plus…), la Mort (**Le Faucheur, Les chevaux de la nuit**), et une foule de fantômes (**La huche, L'âme boiteuse, Les âmes aigries, Delphine, L'Isabelle, L'auberge du Larzac, Les roses d'en haut,**

---

24   c. Seignolle, **Le Rond Des Sorciers.**

L'impossédable) et de sorciers (**L'homme qui savait d'avance, Un exorcisme, Le Matagot, Lou Siblaire, Le dormeur**)… et toujours, le Diable (**Le bahut noir**). Cet extraordinaire conteur nous a révélé les secrets de la terre, comme Jean Ray l'avait fait pour ceux du cosmos, et tous deux ont si bien su faire se confondre le mythe et la réalité qu'ils sont entrés dans la légende de leur vivant, devenant personnages de leur univers fantastique. « *Soudain, je fus brusquement empoigné, tiré en arrière et jeté au sol. — Détournez-vous ! Détournez- vous, pour l'amour du ciel, me cria Claude Seignolle. Il prit dans sa poche un petit sachet en peau, en sortit fébrilement le contenu et éparpilla au-dessus du trou une sorte de poudre blanchâtre. Un bouillonnement se fit entendre au fond du gouffre. Une vapeur dense et chaude s'éleva. Je protestai d'une voix faible : — Mais vous n'avez pas vu ? Vous n'avez donc pas vu ? C'était moi, dans ce trou, et vous y étiez aussi ! J'ai bien reconnu nos visages. Vous avez tué nos doubles ! — Sorcellerie ! hurla Claude Seignolle en m'agrippant.* » ([25]). Enfin, un texte de Claude Seignolle nous donne un aperçu de ce qu'aurait été son univers fantastique si les horreurs cosmiques de Jean Ray ou Lovecraft l'avaient envahi : **Le Hupeur** (dans **Récits cruels**). « *C'est alors que je sentis cette invisible force hostile qui me lia d'épouvante. J'éprouvais la terrifiante sensation qu'une immense mais impalpable aile unique volait autour de moi, agile telle une raie de néant dans l'océan de la nuit. Réalité immatérielle qui me poussait avec une impitoyable constance afin de me ramener dans le marais. (...) Le marais de Gobe-Bœuf, favorable antre putride, gardait encore, après des millénaires, un invisible monstre goulu, survivant de ces temps où les puissances néfastes régnaient sous les formes les plus subtiles ! Je crus alors voir passer deux lueurs glauques et fugaces. ...Un éblouissement, reflet de mon effroi ? Non... des yeux !* » ([26]). Cette invisible entité est sœur des habitants des marécages rayens de **Dans les marais du Fenn, Le Uhu, La présence horrifiante**… et, osons le dire, cousine du grand Cthulhu !

Dans les années 70, Marabout n'a révélé qu'un écrivain fantastique ayant connu au sein de la collection une longévité comparable à celle

---

25   c.g. burg, **Le Pentacle De L'ange Déchu**.
26   c. Seignolle, **Le Hupeur**.

de Ray, Owen et Seignolle dans les années 60 : Gérard Prévot. Après un roman au Fleuve Noir Angoisse, **L'invitée de Lorelei** en 1969, il se consacre au texte court, quatre recueils de récits sombres entre 1970 et 1975, année où la Grande Faucheuse elle-même interrompt sa carrière. L'époque est marquée par le remplacement de Jean-Jacques Schellens au profit de Jean-Baptiste Baronian. L'aspect « bibliothèque populaire » cède la place à un aspect « collection de poche » aussi homogène (de superbes couvertures de Lievens sur fond noir) que conventionnel (désormais, distinction est faite entre fantastique et science-fiction). Baronian crée en 1972 le Prix Jean Ray, qui devrait contribuer à lancer une nouvelle génération d'auteurs fantastiques francophones (essentiellement belges). Lievens est chargé de réaliser, pour commencer, huit masques de Ray ; en fin de compte, seulement six seront utilisés, la collection disparaissant en 1977 (du moins sous sa forme glorieuse), et les heureux bénéficiaires n'auront guère le temps de confirmer leur réussite. Curieusement, tous œuvrent dans un fantastique plus proche de celui de Thomas Owen que de celui de Jean Ray ; sans doute parce que le fantastique de Owen s'inscrit plus dans notre réalité contemporaine que celui de Ray ou de Seignolle. Ainsi, le roman **Han** de Jean- Paul Raemdonck, histoire d'un marin poursuivi par son double, est plus fantasmé que fantastique. Daniel Mallinus, René Belletto, Gaston Compère et Jean-Pierre Bours s'illustrent eux dans le récit court, entre surréalisme et déraison, entre loufoquerie et cruauté : rien, ou quasiment rien, qui ne rappelle l'auteur de **Malpertuis**, ni les égarés de Belletto, ni les diables lubriques de Compère, ni les sadiques de Bours (du fantôme de Sade à une variante SF et tout aussi SM de **Histoire d'O** en passant par le seul texte véritablement rayen, **Celui qui pourrissait**, pathétique version de **Jack l'éventreur** écrite à la manière du **Irish Whisky** de JR — qui lui-même, rappelons-le, écrivit sa version de **Jack l'éventreur : M. Gless change de direction**). Outre ces six Prix Jean Ray, Marabout publie deux autres jeunes écrivains dont la carrière est restée en rade (du moins en francophonie pour l'un d'eux) suite à la disparition de Marabout. Charles-Gustave Burg, qui n'a écrit qu'un seul roman (d'où le mystère qui entoure l'homme), choisit comme Ray et Seignolle de mêler la réalité et le fantastique : **Le pentacle de l'ange déchu**, comme **Malpertuis** ou **La ruelle ténébreuse**, est un manuscrit censé avoir été découvert dans d'étranges circonstances, et Claude Seignolle participe à cette histoire de sorcellerie et de réincarnation (qui débute d'ailleurs comme la première partie, abandonnée en cours de récit, du **Bahut noir**). Eddy C. Bertin possède déjà une longue carrière lorsque Marabout publie le recueil **Derrière le mur blanc**, mais essentiellement en néerlandais et en anglais : le Marabout est une première française. Déjà, en 1960, le jeune Bertin rencontre Jean Ray et sans doute aurait-il aimé être son Robert Bloch ; mais JR n'était pas HPL. « *Je n'en dirais point davantage à propos de cette rencontre, qui fut la seule ; disons que je fus désappointé par Jean Ray, par l'homme. Toute sa vie, Jean Ray a été un vieux renard rusé. Il avait encore plus d'un tour dans son sac. Cette histoire à traduire n'aboutit à rien, et plus tard j'ai fait mon propre chemin sans l'aide de Jean Ray.* » ([27]). L'œuvre de Bertin, en France, consiste exclusivement en ce recueil de treize nouvelles, et en une quatorzième dans l'anthologie **Les adorateurs de Cthulhu** (également éditée par Baronian, au Masque). Ces récits sombres et parfois cruels, plus surnaturels que tous les textes des Prix Jean Ray bien que la folie y soit toujours prête à pointer son nez, sont marqués par l'influence de Lovecraft (**Obscur est mon nom, L'horreur murmurante — qui évoque Le monstre sur le seuil ou L'affaire Charles Dexter Ward**) et celle de Ray (**Deux roses pour Carl**, dans la tradition de **Dents d'or, Un goût de pluie et de ténèbres, La saveur de ton amour**).

Après Marabout, il n'y a rien ; si ce n'est quelques rééditions au Masque, chez NéO, Lefrancq. Reste le fandom, qui a souvent rendu hommage à Jean Ray, quelques revues amateurs comme **Ides... et autres, Le Fulmar**, et surtout **Phénix**, qui, à trois reprises, a consacré un numéro à JR, réunissant Rayens de l'ancienne génération (Thomas Owen, Henri Vernes, Jacques Van Herp) et de la nouvelle (Jean- Baptiste Baronian, Eddy C. Bertin, Lieven Tavernier, Alain Dartevelle, Denis Labbé). De nos jours, soixante ans plus tard, Malpertuis existe toujours. Dans un roman récent de littérature générale (style soap opera), elle est belle demeure, résidence secondaire de campagne, et le malheur y habite toujours. Dans un science-fiction publié en poche ([28]), il s'agit d'un bar, et le Diable y est toujours le bienvenu.

---

27   **Phénix** n° 11.
28   h. Jubert, **Sinedeis** (j'ai lu, 1999).

* * *

Il se disait journaliste, et m'a d'ailleurs laissé sa carte en même temps que le manuscrit. Je n'avais aucune raison d'en douter. C'est lors de la lecture que je me suis mis à me poser des questions : quel journaliste sérieux conterait une histoire aussi abracadabrante ? Certes, le fond n'est pas en cause, Jean Ray s'y dévoilant à travers des faits vérifiés et des légendes régulièrement contées (et invérifiables). Mais c'est la forme de l'entretien qui me laisse perplexe. C'est pourquoi j'ai taché de retrouver l'homme : aucun journal n'en a jamais entendu parler, et il n'en existe aucune trace ; comme s'il n'avait jamais existé…

BIBLIOGRAPHIE DE JEAN RAY/JOHN FLANDERS EN LANGUE FRANÇAISE :

1ère partie : recueils et romans.

Cette première partie est consacrée aux recueils parus en français, classés par ordre chronologique. Chaque titre est suivi de la date de parution et du nom de l'éditeur original ; des principaux éditeurs ayant réédité l'ouvrage ; d'un code-lettre renvoyant à la seconde partie.

- **Les contes du whisky**, 1925, la renaissance du livre ; robert laffont, marabout, le masque, néo, lefrancq ; code a.

- **La croisière des ombres**, 1932, editions de belgique ; robert laffont, marabout, néo ; code b.

- **Le grand nocturne**, 1942, les auteurs associés ; robert laffont, le masque, labor, fleuve noir ; code c.

- **Les cercles de l'épouvante**, 1943, les auteurs associés ; robert laffont, le masque, labor, fleuve noir ; code d.

- **La cité de l'indicible peur**, 1943, les auteurs associés ; robert laffont, marabout, le masque, néo ; code e.

- **Malpertuis**, 1943, les auteurs associés ; denoël, marabout, robert laffont, le masque, j'ai lu, la renaissance du livre ; code f.

- **Les derniers contes de canterbury**, 1944, les auteurs associés ; marabout, robert laffont, le masque, néo ; code g.

- **La neuvaine d'épouvante**, 1946, l'atalante ; beckers, néo ; code h.

- **Le livre des fantômes**, 1947, la sixaine ; robert laffont, marabout, le masque, néo, fleuve noir, lefrancq ; code i.

- **Histoires noires et fantastiques**, 1961, marabout ; code j.

- **Le carrousel des maléfices**, 1964, marabout ; le masque, néo ; code k.

- **Les contes noirs du golf**, 1964, marabout ; le masque, néo, lefrancq (édition mise à jour ; code-lettre : l-mj) ; code l.

- **Harry dickson**, 1966- 74, marabout (première édition en recueils) ; librairie des champs elysées, néo (première édition intégrale ; code-lettre : m).

- **La griffe du diable**, 1966, atlanta ; code n.

- **Le carrousel du suspense**, 1970, beckers ; code o.

- **Contes d'horreur et d'aventures**, 1972, 10/18 ; code p.

- **Le monstre de borough**, 1974, 10/18 ; code q.

- **Bestiaire fantastique**, 1974, marabout ; code r.

- **Le secret des sargasses**, 1975, 10/18 ; code s.

- **Visages et choses crépusculaires**, 1982, néo ; code t.

- **Visions nocturnes**, 1984, néo ; code u.

- **Visions infernales**, 1984, néo ; code v.

- **La malédiction de machrood**, 1984, néo ; code w.

- **La brume verte**, 1985, néo ; code x.

- **L'élève invisible**, 1985, lefrancq ; code y.

- **La bataille d'angleterre**, 1985, corps 9 ; code z.

- **La vallée du sommeil**, 1985, corps 9 ; code aa.

- **Les feux follets de satan**, 1986, néo ; code ab.

- **Les contes du fulmar**, 1986, néo ; code ac.

- **L'île noire**, 1986, néo ; code ad.

- **La nef des bourreaux**, 1987, néo ; code ae.

- **L'ombre rouge**, 1988, lefrancq ; code af.

- **La griffe d'argent**, 1989, lefrancq ; code ag.

- **Jack de minuit**, 1991, lefrancq ; code ah.

- **Les joyeux contes d'ingoldsby**, 1992, lefrancq ; code ai.

- **La guillotine ensorcelée**, 1993, lefrancq ; code aj.

- **Les histoires étranges de la biloque**, 1996, lefrancq ; code ak.

2e partie : nouvelles et romans.

Cette seconde partie présente les récits de jean ray/john flanders classés par ordre alphabétique, suivis du code-lettre correspondant au recueil où ils sont parus (1ère partie).

- **72 holes... 36... 72** ; l.

- **L'affaire bardouillet** ; m.

- **L'affaire du pingouin** ; m.

- **A minuit** ; a.

- **L'ange noir** ; n, p, w.

- **L'assiette de moustiers** ; d, j.

- **L'assomption de septimus kamin** ; g.

- **L'auberge des spectres** ; d, j.

- **L'automate (césar)** ; n, p, v, ak.

- **L'avare fantôme** ; p.

- **L'aventure d'un soir** ; m.

- **L'aventure espagnole** ; h.

- **L'aventure espagnole** ; m.

- **Babolin** ; ai.

- **La balle de l'engoulevent** ; l.

- **La balle volée** ; l.

- **Le banc et la porte** ; k.

- **La bande de l'araignée** ; m.

- **Le banquet de pillemaran** ; o.

- **Baraterie** ; t.

- **La bataille d'angleterre** ; z.

- **Le beau dimanche** ; k.

- **Le bégayeur** ; ai.

- **La belle partie** ; l.

- **La bête blanche** ; a.

- **La bête de loch- boo** ; z.

- **La bête des links** ; l.

- **Les blachclaver** ; m.

- **Le bonhomme mayeux** ; g.

- **Bonjour, monsieur jones !** ; k.

- **La bonne action** ; a.

- **Un bon petit gueuleton** ; ac.

- **Bonshommes de la mer** ; ac.

- **Le bout de la rue** ; b, t.

- **Brouillard et compagnie** ; n, p.

- **La brume verte** ; x.

- **La bûche et les vœux** ; ai.

- **Le bupreste** ; ak.

- **Le cabinet du dr selles** ; m.

- **La cage dans la jungle** ; o.

- **Le cambrioleur timide** ; o.

- **Le capitaine krugge** ; ac.

- **Le carrefour de la lune rousse** ; h.

- **Le cas de lady stillington, ou l'histoire d'un sortilège** ; l-mj.

- **Le cas de sir evans** ; m.

- **La chambre 113** ; m.

- **Les champignons de saint antoine** ; ak.

- **La chance des aigles blancs** ; l.

- **La chance d'hiram bones** ; o.

- **La chandelle du réveillon** ; t.

- **Le chapeau de neptune** ; o.

- **Charley et le tigre** ; o.

- **Le charmeur de requins** ; o, p, ac.

- **Le chat assassiné** ; g.

- **Le château du désert** ; u.

- **Le châtiment des foyle** ; m.

- **Le chemin des dieux** ; m.

- **Un chien dans le plat** ; ai.

- **La choucroute** ; i.

- **La cigogne bleue** ; m.

- **Le cimetière de marlyweck** ; d, j.

- **La cité de l'étrange peur** ; m.

- **La cité de l'indicible peur** ; e.

- **La clé de fer** ; ai.

- **Le client de minuit** ; p, v.

- **Cochrane et jones** ; u.

- **Le cœur de mai** ; ai.

- **Colette** ; ac.

- **Les collines rouges** ; o, p, w.

- **Le compagnon de job snooks** ; ac.

- **Les compagnons d'ulysse** ; ak.

- **Le comte masconti** ; w.

- **La conjuration du lundi** ; k.

- **La conspiration fantastique** ; m.

- **Un conte de fées à whitechapel** ; a.

- **Les contes de ma mère l'oye** ; n, p, v.

- **Le convive** ; u.

- **Cooky** ; ai.

- **La coupe bosselée du wild rose** ; l-mj.

- **La coupe danoise** ; ak.

- **La cour d'épouvante** ; m.

- **Le cousin passeroux** ; i, j.

- **Le crabe doré** ; o.

- **Le crapaud** ; w.

- **Cric- croc**, le mort en habit ; m.

- **Le crime de la rue de la croix-de-pierre** ; ak.

- **Le crime des autres** ; ak.

- **Le crocodile** ; a.

- **La croix** ; o.

- **Croquemitaine n'est plus** ; k.

- **The crusader** ; o, ac.

- **La dame au diamant bleu** ; m.

- **Le dancing de l'épouvante** ; m.

- **La danse de salomé** ; g.

- **Dans la grande nuit du pôle** ; aa.

- **Dans les griffes de l'idole noire** ; m.

- **Dans les marais du fenn** ; a.

- **Le démon pourpre** ; m.

- **Dents d'or** ; j, t.

- **La dernière gorgée** ; a.

- **La dernière peste de bergame** ; n, p, u.

- **Le dernier voyageur** ; b, d, j.

- **La dette de grumpelmeyer** ; a.

- **Deux heures et puis l'absence** ; u.

- **Le diable à bord** ; p, v.

- **Le diable au village** ; m.

- **Le diable dans la prison** ; y.

- **Le diable de cire** ; n, p, v.

- **Le diable et peter stolz** ; v.

- **e diablotin des chandelles** ; ai.

- **Les diablotins de mars** ; ai.

- **Le dieu inconnu** ; m.

- **Dieu, toi et moi** ; j, t.

- **La disparition de m. Byslop** ; m.

- **Dolly** ; ac.

- **Dragomir** ; ac.

- **Le driver doré** ; l.

- **Drummer-hinger** ; o, p, v.

- **Dürer, l'idiot** ; b, d.

- **Les eaux infernales** ; m.

- **Ecrit dans le vent** ; p, v.

- **L'effrayante année bissextile** ; ai.

- **L'effroyable cargaison** ; ac.

- **Les effroyables** ; m.

- **Eg- 1405** ; l.

- **L'elève invisible** ; y.

- **L'enigmatique aventure** ; u.

- **L'enigmatique tiger brand** ; m.

- **L'énigme du sphinx** ; m.

- **Les enigmes de la maison rules** ; m.

- **Entre deux verres** ; a.

- **L'envoyée du retour** ; k.

- **L'ermite du marais du diable** ; m.

- **L'escargot doré** ; ai.

- **L'esprit des noix et les cinq shillings** ; ai.

- **L'esprit du feu** ; m.

- **L'estomac volé** ; o.

- **L'etoile à sept branches** ; m.

- **L'etoile des rois** ; ai.

- **Les etoiles de la mort** ; m.

- **L'etrange bête rouge** ; ac.

- **L'etrange lueur verte** ; m.

- **L'etrange manuscrit** ; u.

- **Les etranges études du dr paukenschläger** ; a.

- **L'evèque et les crèpes** ; ai.

- **L'expérience de laurence night** ; ak.

- **Falstaff se souvient** ; g.

- **Le fantôme dans la cale** ; c.

- **Le fantôme des ruines rouges** ; m.

- **Le fantôme du juif errant** ; m.

- **Le fantôme marin** ; u.

- **Le fantôme vert** ; ae.

- **Le fauteuil** ; u.

- **Le fauteuil 27** ; m.

- **La fenêtre aux monstres** ; a.

- **La fenêtre éclairée** ; ak.

- **Le festin infernal** ; ai.

- **La fête des rois** ; ai.

- **Feu aux chandelles** ; o, p, ac.

- **Le feu follet** ; ai.

- **Les feux follets de satan** ; ab.

- **Les feux follets du marais rouge** ; m.

- **La fève, la couronne et la hache** ; ai.

- **Le fils de manué (samson et dalila)** ; n, p, v, ak.

- **La fin** ; l.

- **Fin de l'année et conclusion** ; ai.

- **Flammes vivantes** ; u.

- **La flèche fantôme** ; m.

- **Le fleuve flinders** ; g.

- **La forêt de madrones** ; l.

- **La forêt infernale** ; u.

- **La formule** ; ak.

- **La fortune d'herbert** ; a.

- **La fougère magique** ; ai.

- **Fraude de carême** ; ai.

- **Le gardien du cimetière** ; a, j.

- **Les gardiens du gouffre** ; m.

- **Le garou** ; ai.

- **Le génie de tappington** ; ai.

- **Les gens célèbres de tudor street** ; k, w.

- **Le golfeur de mabuse** ; l.

- **Une gorgée de rhum** ; ac.

- **La grande ombre** ; m.

- **La grande ourse** ; l.

- **Le grand nocturne** ; c, j.

- **Grégoire et mathilde** ; ai.

- **Les grenouilles de juillet** ; ai.

- **La griffe du diable** ; n.

- **La guerre de juillet** ; ai.

- **La guillotine ensorcelée** ; aj.

- **Le haveneau de triple j** ; o.

- **Les hazards du colonel midgett** ; l.

- **Hécate** ; l.

- **L'herbe qui s'égare** ; w.

- **Herr hubich dans la nuit** ; a.

- **Le hêtre avaricieux** ; ai.

- **L'histoire de marshall grove** ; i.

- **L'histoire du wülkh** ; d, j.

- **Histoire sans titre** ; ak.

- **Histoires drôles** ; k.

- **L'homme au masque d'argent** ; m.

- **L'homme au mousquet** ; m.

- **L'homme qui osa** ; d, j.

- **L'horreur de shoreham** ; o, p, v.

- **L'hôtel des trois pélerins** ; m.

- **Le houx récalcitrant** ; ai.

- **L'idylle de monsieur honigley** ; t.

- **L'ile crayratt** ; n, p, v.

- **Une ile dans le ciel** ; n, p, v.

- **L'ile de la terreur** ; m.

- **L'ile de m. Rocamir** ; m.

- **L'ile noire** ; ad.

- **Les illustres fils du zodiaque** ; m.

- **Impondérables** ; l- mj.

- **Influence** ; l.

- **Irish stew** ; g.

- **Irish whisky** ; a.

- **Jack de minuit** ; ah.

- **J'ai tué alfred heavenrock !** ; t, j.

- **Le jardin des furies** ; m.

- **Jean grain d'orge** ; ai.

- **Je cherche herr hazenfraz !** ; g.

- **Je cherche monsieur pilgrim** ; j, t.

- **Le jeûne de l'évêque** ; ai.

- **Le jongleur siamois** ; o.

- **La jonque noire** ; h.

- **Josuah güllick, prêteur sur gages** ; a.

- **Le jour de fête déplacé** ; ai.

- **Jour de pluie** ; ak.

- **Le jour de saint martin** ; ai.

- **Le jour du gnome** ; ai.

- **Le journal d'un rescapé** ; ak.

- **June** ; ai.

- **Le justicier de la mer** ; p, v.

- **Le king-sail** ; ac.

- **Lady polly** ; ac.

- **Le lama et le tigre** ; ac.

- **La licorne** ; ai.

- **Les links hanté**s ; l.

- **Le lion** ; ac.

- **Le lit du diable** ; m.

- **La loi des caraïbes** ; ac.

- **Le loup-garou** ; m.

- **Le loup-garou dans la neige** ; y.

- **Mademoiselle andrette froget** ; l.

- **Le magicien** ; ai.

- **Une main** ; a.

- **La main de gœtz von berlichingen** ; d, j.

- **Maison à vendre** ; i.

- **La maison des hallucinations** ; m.

- **La maison du grand péril** ; m.

- **La maison du scorpion** ; m.

- **La maison hantée de fulham road**, m.

- **La malédiction** ; p, v.

- **La malédiction de machrood** ; w.

- **La malédiction du manoir** ; n.

- **Malpertuis** ; f.

- **Le manteau bleu** ; o.

- **Le marais noir** ; ae.

- **Le marchand d'étoiles** ; ac.

- **Les marrons et le chapeau de m. Babinet** ; ak.

- **Mathématiques supérieures** ; k.

- **Maudite grêle** ; ai.

- **Les maudits de heywood** ; m.

- **Merry-go-round** ; j, t.

- **Messire l'anguille** ; m.

- **Le minotaure de métal** ; o, p.

- **Minuit vingt** ; a.

- **Le miracle du professeur** ; l- mj.

- **Le miroir noir** ; d, j.

- **Le miroir vénitien** ; n, p, u.

- **La mitrailleuse musgrave** ; m.

- **Mois de jeûne à tappington** ; ai.

- **Le mois infernal** ; ai.

- **Une moitié de botte** ; o.

- **Les momies évanouies** ; m.

- **Mon ami le mort** ; a.

- **Mondschein-dampfer** ; b, t.

- **Mon fantôme à moi** ; i.

- **Monsieur banks et le boulet langevin** ; ak.

- **Monsieur cadichat sera tué demain** ; ak.

- **Monsieur gallagher went home** ; g.

- **Monsieur gless change de direction** ; j, t.

- **Monsieur ram** ; l.

- **Monsieur wohlmut et franz benschneider** ; i.

- **Le monstre blanc** ; m.

- **Le monstre dans la neige** ; m.

- **Le monstre de borough** ; q.

- **Le monstre des abîmes** ; n, p, v.

- **La morale de l'histoire** ; o.

- **La morelle noire** ; ai.

- **La mortadelle royale** ; o.

- **La mort bleue** ; m.

- **Le muguet, fleur de mai** ; ai.

- **Le musicien clandestin** ; ac.

- **?? Mystèras ??** ; m.

- **Le mystère de bantam house** ; m.

- **Le mystère de la forêt** ; m.

- **Le mystère de la vallée d'argent** ; m.

- **Le mystère des sept fous** ; m.

- **Le mystère du dip-club** ; l.

- **Le mystère du mina kravert** ; p, ac.

- **Le mystère du moustique bleu** ; m.

- **Le mystère malais** ; m.

- **Les mystérieuses études du dr drum** ; m.

- **Le mystérieux homme de la pluie** ; q.

- **Le mystérieux œil vert** ; ac.

- **Le mystérieux retardataire** ; aj.

- **Le navire ensorcelé** ; ac.

- **La nef des bourreaux** ; ae.

- **Le nègre de l'ascenseur** ; h.

- **La neuvaine d'épouvante** ; h, p.

- **Nicolas abdoon et feu son père** ; ak.

- **Les noces de mlle bonvoisin** ; g.

- **Le nom du bateau** ; a.

- **Un nommé goose** ; ai.

- **Une nuit blanche au mois d'août** ; ai.

- **La nuit de camberwell** ; a, j.

- **Nuit de juin** ; ai.

- **La nuit de belleville** ; w.

- **La nuit de pentonville** ; i.

- **La nuit du marécage** ; m.

- **Les nuits effrayantes de felston** ; m.

- **La nuit tragique** ; z.

- **L'observatoire abandonné** ; a.

- **L'odeur du souffre** ; u.

- **Les œufs de mai** ; ai.

- **Les œufs de pâques** ; p.

- **L'ogre de pierre** ; ak.

- **L'oiseau de mai** ; ai.

- **L'ombre d'escale** ; ak.

- **On a tué m. Parkison** ; m.

- **Oup ! Oup ! Oup !** ; ai.

- **La parade des soldats de bois** ; l.

- **Ce paradis de flower dale** ; m.

- **Le pari du capitaine** ; ac.

- **Par les moyens du bord** ; o, p, ac.

- **Le passager du darling** ; ac.

- **Passez à la caisse !** ; t.

- **Le pâté de viande** ; ai.

- **Pavillon noir** ; o.

- **Petite femme aimée au parfum de verveine** ; a.

- **Le petit homme de la lune** ; w.

- **Le petit homme des chandelles** ; ai.

- **Les petits profits de la mer** ; ac.

- **La pie de la sainte vierge** ; ak.

- **La pierre de lune** ; m.

- **La pieuvre de terre** ; ac.

- **La pieuvre noire** ; m.

- **Le plus ancien membre** ; l.

- **La plus belle petite fille du monde** ; g.

- **Les plus difficiles de mes causes** ; m.

- **Le poignard d'or** ; w.

- **Poisson d'avril** ; ai.

- **Le poisson d'avril était vrai** ; ai.

- **La porte sous les eaux** ; s.

- **Pour les yeux de mathilda smith** ; u.

- **La première perce-neige** ; o, ai.

- **La présence horrifiante** ; b, t.

- **Prim et primevère** ; ai.

- **La princesse tigre** ; j, t.

- **Pris en chasse** ; ac.

- **Le psautier de mayence** ; b, c, j.

- **P**u**zzle** ; k.

- **Quand le christ marcha sur la mer** ; c, j.

- **Qui ?** ; l.

- **Red nick** ; ai.

- **Le reptile de la baie d'amov** ; p.

- **La résurrection de la gorgone** ; m.

- **Retour à l'aube** ; ak.

- **Le réveillon de m. Hulotte** ; ak.

- **Le revenant** ; ak.

- **Le roi de minuit** ; m.

- **Le roi des herbes** ; ai.

- **Ronde de nuit à kœni**gstein ; i.

- **La rose d'automne** ; ac.

- **La rose terrifiante** ; w.

- **La roue tourne** ; ak.

- **La rousserole** ; o.

- **Le royaume introuvable** ; m.

- **La rue de la tête perdue** ; m.

- **La ruelle ténébreuse** ; b, c, j.

- **Rues** ; i.

- **Saint ambroise contre saint ambroise** ; ai.

- **Le saint et le pirate** ; ai.

- **Saint-judas-de-la-nuit** ; t.

- **Le saint nettoyeur** ; ai.

- **La saint valentin ou jour de la corde** ; ai.

- **Le saumon de poppelreiter** ; a.

- **Le savant invisible** ; m.

- **Schola salernitana** ; w.

- **La scolopendre** ; c, j.

- **Le secret d'allan harbury** ; o, p.

- **Le secret des sargasses** ; s.

- **Les sept châteaux du roi de la mer** ; c.

- **Le septième trou** ; l.

- **Sept orteils** ; ai.

- **Les sept petites chaises** ; m.

- **Le serpent doré** ; y.

- **Seul dans le club-house** ; l.

- **Le signe de la mort** ; m.

- **Le signe des triangles** ; m.

- **Le singe** ; a.

- **Le singe des louisiades** ; ac.

- **La singulière babet brown** ; aa.

- **Le singulier m. Hingle** ; m.

- **Les six rois mages** ; ac.

- **Smith… comme tout le monde** ; k.

- **Sneaky, knuckle et peg-blom** ; u.

- **La sorcière** ; k.

- **La sorcière-serpent** ; ai.

- **La sotie de l'araignée** ; k.

- **Souhaits de nouvel an** ; ai.

- **Sous le signe du cancer** ; ai.

- **Le spectre de m. Biedermeyer** ; m.

- **Les spectres-bourreaux** ; m.

- **Spider-master** ; ac.

- **La statue assassinée** ; h, p.

- **La statue assassinée** ; m.

- **Storchhaus, ou la maison des cigognes** ; j, t.

- **Le studio rouge** ; m.

- **Sue banks** ; o.

- **Suite à tyburn** ; g.

- **Sur la lande de tappington** ; ai.

- **Le swing** ; l.

- **Le tableau** ; a.

- **Les tableaux hantés** ; m.

- **Table grasse, table maigre** ; ac.

- **Le temple de fer** ; m.

- **La tente aux mystères** ; m.

- **La terreur rose** ; g.

- **Terreur sur la mer du pôle** ; ac.

- **La terrible nuit du zoo** ; m.

- **Le tessaract** ; k.

- **La tête à deux sous** ; m.

- **La tête de monsieur ramberger** ; k.

- **Têtes-de-lune** ; k.

- **La tintina** ; p.

- **Tooty** ; ac.

- **Un tour de cochon** ; k.

- **Le train fantôme sur la lande** ; y.

- **Le trésor de la crypte** ; ae.

- **Le trésor de novembre** ; ai.

- **Le trésor des îles fär-oërs** ; o.

- **Le trésor du manoir de streetham** ; m.

- **Le trésor du wûlk** ; p.

- **Les trois cercles de l'épouvante** ; m.

- **Les trois maisons** ; ac.

- **Trois petites vieilles sur un banc** ; k.

- **Le trou dans le mur** ; ak.

- **La trouvaille de monsieur sweetpipe** ; p, t.

- **Truckle le noir** ; m.

- **Tyburn** ; g.

- **Le uhu** ; g.

- **Usines de mort** ; m.

- **La vallée du sommeil** ; aa.

- **Le vampire aux yeux rouges** ; m.

- **Le vampire qui chante** ; m.

- **La vengeance** ; a.

- **Les vengeurs du diable** ; m.

- **Le véritable secret de palmer hotel** ; m.

- **La vérité sur l'oncle timothéus** ; i, j.

- **Le vestiaire** ; l.

- **La vieille dame qui s'en va** ; ai.

- **Du vin, des baies et de la bière** ; ai.

- **Le vindicatif muksoo** ; ai.

- **Les vingt quatre heures prodigieuses** ; m.

- **Le visage du pôle** ; p, v.

- **Une visite distinguée** ; ai.

- **La voiture démoniaque** ; m.

- **Le voleur** ; u.

- **Wongonoo** ; ac.

- **X-4** ; m.

- **Les yeux de la lune** ; m.

- **L'etoile à sept branches ; m.**

- **L'etoile des rois** ; ai.

- **Les etoiles de la mort ; m.**

- **L'etrange bête rouge ; ac.**

- **L'etrange lueur verte ; m.**

- **L'etrange manuscrit ; u.**

- **Les etranges études du dr paukenschläger ; a.**

- **L'evèque et les crèpes ; ai.**

- **L'expérience de laurence night ; ak.**

- **Falstaff se souvient ; g**

- **Le fantôme dans la cale ; c.**

- **Le fantôme des ruines rouges ; m.**

- **Le fantôme du juif errant ; m.**

- **Le fantôme marin ; u.**

- **Le fantôme vert ; ae.**

- **Le fauteuil ; u.**

- **Le fauteuil 27 ; m.**

- **La fenêtre aux monstres ; a.**

- **La fenêtre éclairée ; ak.**

- **Le festin infernal ; ai.**

- **La fête des rois ; ai**

SOMMAIRE

Bibliographie de Patrice Allart

Chez l'Œil du Sphinx

Livres:

D'Arkham à Malpetuis, Jean Ray et Lovecraft, EODS 2003

Graham Masterton, son œuvre et son univers, EODS, 2006

Spectres Monstres et Lovecrafteries, de Lovecraft à Stephen King, EODS 2014

En préparation :

De Cthulhu aux Jack l'Éventreur : les itinéraires de Robert Bloch et Ramsey Campbell, EODS 2016

Nouvelles (dans Dragon & Microchips)

Le gros chat qui venait de l'aube des Temps / D&M20-83
Le Nid du coucou / D&M24-87

Etudes (dans Dragon & Microchips)

Monstres lovecraftiens / D&M20, t.2-26
Le Bestiaire de la Terreur moderne / D&M20, t.2-100
Le Ver / D&M20, t.2-159.

Collaborations:

Solomon Kane-223 / Face à Cthulhu : le club des aventuriers de Robert E. Howard-253 in Echos de Cimmérie, 2009

Chez d'autres éditeurs:

Guide du Mythe de Cthulhu, Encrage, 1999

Cthulhu Tales, guide des comics lovecraftiens, Editions de l'Hydre, 2012

Patrice ALLART

SPECTRES, MONSTRES & LOVECRAFTERIES

Stephen KING,
son œuvre et son univers

Patrice ALLART

GRAHAM MASTERTON,
SON ŒUVRE ET SON UNIVERS

POURQUOI ADHERER A L'ODS

En plus de rassembler toute une « faune de l'espace » passionnée de littératures de l'imaginaire, science-fiction, fantastique, fantasy, etc et tant de chercheurs érudits des univers de l'étrange, l'ODS est une association active qui organise ou coordonne de nombreux événements dans les domaines qui nous intéressent.

C'est un fait que l'activité de publication de fanzines qui était son expression principale à ses débuts a dû être transférée vers notre maison d'édition, EODS, faute de lecteurs assidus dans un secteur qui s'est peu à peu reporté vers le web. Certaines revues ont disparu, d'autres sont nées à cette occasion. Force est de nous adapter au potentiel du lectorat d'aujourd'hui, et nous voilà au XXIe siècle !
Toutefois, tout en nous adaptant, nous tenons, à l'ODS, à préserver cette convivialité qui fut toujours la première motivation de notre existence associative. C'est pourquoi nous poursuivons avant tout l'organisation de rencontres, conférences, congrès, dîners thématiques et autres missions scientifiques autour des thèmes qui nous sont chers. Participer à ces nombreuses activités, les organiser ou permettre à certains invités de venir y présenter leurs travaux, voilà aujourd'hui la vocation de l'ODS. Ainsi, tout au long de l'année, vous êtes conviés à nous rejoindre lors de dîners informels, comme celui du Nouvel Eon en janvier, et toutes sortes de rencontres à thèmes intitulées « on the spot », selon le calendrier de la venue d'auteurs en région parisienne,

ainsi qu'à des colloques de haute teneur dont ceux organisés à Rennes-le-Château (ARTBS) ou à Paris comme le Congrès Fortéen, les journées Heuvelmans ou Jacques Bergier, etc, mais aussi à nous rendre visite sur les stands des nombreuses conventions auxquels nous participons. L'organisation de ces événements et la participation de l'association à ceux organisés par d'autres sont aujourd'hui devenus notre activité principale, car c'est ce qui fait vivre notre univers littéraire et préserve ce caractère unique qui nous plaît. Si certains supports de lecture disparaissent petit à petit au profit de medias plus modernes – du fanzine au webzine, des listes de discussions aux réseaux sociaux, etc. – il reste que nous sommes tous attachés aux livres originaux au format papier, non seulement à l'objet que l'on peut aujourd'hui commander en trois clics, mais surtout à ce qui va autour, c'est-à-dire les rencontres, les discussions, le partage et les possibles collaborations qui s'improvisent au gré des initiatives de nos membres les plus passionnés et, bien entendu, au plaisir de lire !

La participation de chacun à cette fourmillante activité littéraire et autour de la littérature se coordonne le plus simplement possible par le moyen de notre association, et c'est la raison d'être de l'ODS. En y adhérant, et surtout en participant par votre présence et votre concours à ces rencontres, ainsi qu'à la naissance et la réalisation de nouveaux projets, vous nous aidez à prolonger la vie de notre multivers littéraire. Bienvenue à tous et merci pour votre présence !

Emmanuel Thibault, membre du Conseil de AODS.

LES ÉDITIONS DE L'ŒIL DU SPHINX
SARL au capital de 15.245 €
R.C.S. Paris B 432 025 864 (2000 B11249)

36-42 rue de la Villette
75019 PARIS
FRANCE

Mail ods@oeildusphinx.com
http://www.œildusphinx.com
http://boutique.oeilduphinx.com

Tél 09.75.32.33.55
Fax 01.42.01.05.38

Toutes nos parutions sont sur :
http://boutique.oeildusphinx.com

www.ingramcontent.com/pod-product-compliance
Lightning Source LLC
Chambersburg PA
CBHW052004090426
42741CB00008B/1550